Estonian Mini Dictionary

ENGLISH-ESTONIAN
ESTONIAN-ENGLISH

FLUO
EDITIONS

FLUO EDITIONS

Estonian mini dictionary

© 2019-2020 by Fluo Editions

Main editor: J. N. Zaff
Assistant editor: Natalia Baena Cruces
Cover and typesetting: Fluo Editions

ISBN-13: 979-1-07-554546-7
ISBN-10: 1-07-554546-3

First edition: February 2020

While the publisher and the authors have used good faith efforts to ensure that the information and instructions contained in this work are accurate, the publisher and the authors disclaim all responsibility for errors or omissions, including without limitation responsibility for damages resulting from the use of or reliance on this work. Use of the information and instructions contained in this work is at your own risk.

All rights reserved. No part of this book may be reproduced or utilized in any form or by any means, electronic or mechanical, including photocopying, recording, or by any information storage and retrieval system, without permission in writing from the author and publisher, or as expressly permitted by law. For permission requests, write to the publisher below:

Fluo Editions
Granada, Spain
efluo.net

Table of Contents

Dictionary	1	**Appendix**	**118**
English-Estonian	1	Pronunciation	119
Estonian-English	63	Irregular English Verbs	121

Abbreviations

n	noun
v	verb
adj	adjective
adv	adverb
art	article
pron	pronoun
conj	conjunction
interj	interjection
prep	preposition
part	particle
num	numeral
det	determiner
phr	phrase
inf	infinitive
sp	simple past
pp	past participle
m	masculine
f	feminine
n	neuter
pl	plural
abbr	abbreviation

English-Estonian

A

ability /əˈbɪl.ə.ti/ • *n* võime, oskus

able /ˈeɪ.bl̩/ • *adj* suuteline, võimeline; pädev

abnormal /æbˈnɔɪ.m̩l/ • *adj* ebanormaalne

abolish /əˈbɒlɪʃ, əˈbɑl.ɪʃ/ • *v* tühistama, kaotama

abort /əˈbɔːt, əˈbɔɹt/ • *n* katkestus • *v* katkestamine **~ion** • *n* abort

absent /ˈæb.sn̩t/ • *adj* puuduv

absolute /ˈæb.sə.luːt, ˈæb.səˌlut/ • *adj* vaba; täielik

absor|b /əbˈzɔːb, æbˈsɔɹb/ • *v* neelduma **~ption** • *n* imendumine, neeldumine

abstract /ˈæbˌstɹækt, æbˈstɹækt/ • *adj* abstraktne • *n* kokkuvõte **~ion** • *n* üldistus

absurd /əbˈsɜːd, æbˈsɝd/ • *adj* absurdne, mõttetu

academy /əˈkæd.ə.mi/ • *n* akadeemia

acceleration /əkˌsɛl.əˈɹeɪ.ʃən/ • *n* kiirendus

accepta|ble /ækˈsɛp.tə.bəl/ • *adj* vastuvõetav **~nce** • *n* heakskiitmine; nõusolek

access /ˈækses, ˈækˌsɛs/ • *n* pääs **~ible** • *adj* ligipääsetav; kättesaadav

accident /ˈæk.sə.dənt/ • *n* õnnetus; avarii

accord /əˈkɔːd, əˈkɔɹd/ • *n* kokkulepe • *v* andma **~ance** • *n* vastavus **~ing to** • *prep* vastavalt, kohaselt, järgi

account /əˈkaʊnt/ • *n* konto; aruanne; seletus **~ant** • *n* raamatupidaja **~ing** • *n* raamatupidamine

accumulation — agreement

accumulation /əˌkjuːm.jəˈleɪ.ʃən/ • *n* kogumine, kuhjumine

accura|te /ˈæk.jʊ.rət, ˈæk.jə.rɪt/ • *adj* täpne **~cy** • *n* täpsus

accusative /əˈkjuːzətɪv, əˈkjuzətɪv/ • *adj* sihitav, akusatiiv

acid /ˈæs.ɪd/ • *adj* hapu, kibe; hapendatud; happeline • *n* hape

acknowledgment /əkˈnɒl.ɪdʒ.mənt, əkˈnɒl.ɪdʒ.mənt/ • *n* vastuvõtukinnitus

acquire /əˈkwaɪɹ, əˈkwaɪə/ • *v* omandama

acre /ˈeɪ.kə, ˈeɪ.kɚ/ • *n* aaker

act /ækt, æk/ • *n* tegu; vaatus **~ion** • *n* tegu

activate /ˈæktɪˌveɪt/ • *v* rakendama

activ|e /ˈæk.tɪv/ • *adj* isikuline, aktiiv; väle, tarmukas; kehtiv; usin; tegutsev, tegev-; asjalik; elav; tegev **~ist** • *n* aktivist **~ity** • *n* aktiivsus; tegevus

act|or /ˈæk.tə, ˈæk.tɚ/ • *n* näitleja, näitlejanna, näitlejatar **~ress** • *n* näitlejatar, näitlejanna

actually /ˈak.(t)ʃ(ʊ).ə.li, ˈak.(t)ʃʊ.ə.lɪ/ • *adv* tegelikult

acute /əˈkjuːt, əˈkjut/ • *adj* äge; lihtrõhk

ad ▷ ADVERTISEMENT

add /æd/ • *v* lisama

addiction /əˈdɪkʃən/ • *n* sõltuvus

additi|on /əˈdɪʃən/ • *n* liitmine **~al** • *n* lisaaine

address /əˈdɹɛs, ˈædɹɛs/ • *n* aadress; mäluaadress

administration /ədˌmɪnəˈstɹeɪʃən/ • *n* administratsioon, haldamine

admiration /ˌæd.məˈreɪ.ʃən/ • *n* imetlus

adolescence /ˌædəˈlɛsəns/ • *n* noorukiiga

adult /ˈæd.ʌlt, əˈdʌlt/ • *n* täiskasvanu, täisealine

advance /ədˈvɑːns, ədˈvæns/ • *n* eel-; ettemaks, avanss • *v* edendama, täiustama

adventure /ədˈvɛntʃɚ, ədˈvɛntʃə/ • *n* seiklus

adverb /ˈæd.vɜːb, ˈæd.vɜb/ • *n* määrsõna, adverb

advertisement /ədˈvɜːtɪsmənt, ˈædvɚˌtaɪzmənt/ • *n* reklaam, propaganda, kuulutus

advice /ədˈvaɪs, ædˈvaɪs/ • *n* nõu

advis|e /ədˈvaɪz/ • *v* nõu andma **~or** • *n* nouandja **~ory** • *adj* nõustav

aesthetics /ɛsˈθɛt.ɪks/ • *n* esteetika

Afghanistan • *n* Afganistan

Africa • *n* Aafrika **~n** • *adj* Aafrika

after /ˈæf.tə(ɹ), ˈæf.tɚ/ • *prep* pärast

again /əˈɡɛn, əˈɡɪn/ • *adv* jälle

against /əˈɡɛnst, əˈɡeɪnst/ • *prep* vastu

age /eɪdʒ/ • *n* iga

aggressi|on /əˈɡɹɛʃən/ • *n* agressioon **~ve** • *adj* kallaletungiv

agreement /əˈɡɹiːmənt/ • *n* leping, kokkulepe

agriculture /ˈæɡ.rɪˌkʌl.tʃə, ˈæɡ.rɪˌkʌl.tʃɚ/ • *n* põllumajandus

ah • *interj* aa, ah, ee, oi, oo

AIDS • *n* (*abbr* Acquired ImmunoDeficiency Syndrome) AIDS

air /ɛə, ˈɛəɹ/ • *n* õhk **~craft** • *n* õhusõiduk **~plane** • *n* lennuk **~port** • *n* lennujaam

Albania • *n* Albaania **~n** • *adj* albaania, Albaania • *n* albaanlane *f*, albaanlanna *f* • *n* albaania keel, albaania

albatross /ˈæl.bəˌtrɒs, ˈæl.bəˌtrɔːs/ • *n* albatross

alcohol /ˈæl.kə.hɒl, ˈæl.kə.hɔl/ • *n* alkohol **~ic** • *adj* alkoholi-; alkohoolne • *n* alkohoolik; joodik **~ism** • *n* alkoholism

Algeria • *n* Alžeeria

alight /əˈlaɪt/ • *v* (*sp* alighted, *pp* alighted) maha tulema, väljuma

alighted (*sp/pp*) ▷ ALIGHT

alit (*sp/pp*) ▷ ALIGHT

alive /əˈlaɪv/ • *adj* elus

all /ɔːl, ɔl/ • *n* kõik

alleviate /əˈliː.viˌeɪt/ • *v* kergendama, leevendama

allocate /ˈæl.əˌkeɪt/ • *v* varuma; jaotama

allow /əˈlaʊ/ • *v* lubama

ally /ˈæl.aɪ, əˈlaɪ/ • *n* liitlane

almost /ˈɔːl.məʊst, ˈɔːl.moʊst/ • *adv* peaaegu

alone /əˈləʊn, əˈloʊn/ • *adv* üksi, üksinda; ainult

along /əˈlɒŋ, əˈlɔŋ/ • *prep* piki, mööda **~side** • *adv* kõrvuti

already /ɔːlˈrɛdi, ɔlˈrɛdi/ • *adv* juba

also /ˈɔːl.səʊ, ˈɔːl.soʊ/ • *adv* samuti, ka, ühtlasi

alternate /ˈɒl.tɜː(ɹ).nət, ˈɔːl.tɚ.nət/ • *adj* vahelduv

aluminium /ˌæl.(j)ʊˈmɪn.i.əm, ˌæl.(j)uˈmɪn.i.əm/ • *n* alumiinium

always /ˈɔː(l).weɪz, ˈɔːl.weɪz/ • *adv* alati

ambassador /æmˈbæs.ə.də(ɹ), æmˈbæs.ə.dɚ/ • *n* suursaadik

ambulance /ˈæm.bjə.ləns, ˈæm.bjəˌləns/ • *n* kiirabi

American • *adj* ameerika • *n* ameeriklane

amiable /ˈeɪ.mi.ə.bəl/ • *adj* avatud

amount /əˈmaʊnt/ • *n* kogus, summa

Amsterdam • *n* Amsterdam

analogy • *n* analoogia

analys|is /əˈnæl.ɪ.sɪs/ • *n* analüüs **~t** • *n* analüütik

ancestor /ˈæn.sɛs.tɚ/ • *n* esivanem

anchor /ˈæŋ.kə, ˈæŋ.kɚ/ • *n* ankur

ancient /ˈeɪn.(t)ʃənt/ • *adj* iidne, muistne, vana

and /ænd, ənd/ • *conj* ja, ning

Andorra • *n* Andorra

angel /ˈeɪn.dʒəl/ • *n* ingel **~ic** • *adj* ingellik

angle /ˈæŋ.ɡəl/ • *n* nurk

animal /ˈæn.ɪ.məl/ • *n* loom

anniversary /ˌæn.ɪˈvɜː.s(ə).ɹi, ˌæn.ɪˈvɝ.s(ə).ɹi/ • *n* aastapäev

another /əˈnʌ.ðə(ɹ), əˈnʌ.ðɚ/ • *det* teine, muu

answer /ˈɑːn.sə, ˈæn.sər/ • *n* vastus • *v* vastama

ant /ænt, ɛnt/ • *n* sipelgas

Antarctica • *n* Antarktis, Lõunamanner

anteater /ˈænt̬ˌiːtə, ˈænt̬ˌitər/ • *n* sipelgaõgija

anxi|ous /ˈæŋ(k)ʃəs, ˈæŋ(k)ʃəs/ • *adj* rahutu; murelik; kibelev ~**ety** • *n* rahutus, ängistus

any /ˈɛnɪ, ˈæni/ • *det* iga, mistahes, suvaline, ükskõik milline, keegi ~**one** • *pron* keegi

apartment /əˈpɑːt.mənt, əˈpɑɹt.mənt/ • *n* korter

apology /əˈpɒl.ə.dʒi/ • *n* vabandus

app /æp/ • *n* app, äpp • (*also*) ▷ APPLICATION

appear /əˈpɪə, əˈpɪɹ/ • *v* ilmuma

appetite /ˈæp.ə.taɪt/ • *n* söögiisu, isu, apetiit

applause /əˈplɔːz, əˈplɔz/ • *n* aplaus

apple /ˈæp.əl/ • *n* õun

application /ˌæplɪˈkeɪʃən, əplɪˈkeɪʃ(ə)n/ • *n* rakendus; taotlus

appreciate /əˈpriːˌʃi.eɪt/ • *v* tunnustama; hindama; mõistma; hinnas tõusma

approval /əˈpɹuː.vəl, əˈpɹuvəl/ • *n* heakskiitmine

approximately /əˈpɹɑk.sɪ.mət.li, əˈpɹɒk.sɪ.mət.li/ • *adv* umbkaudu

April • *n* aprill

Arab • *adj* araabia • *n* araablane

architect /ˈɑːkɪtɛkt, ˈɑɪkɪtɛkt/ • *n* arhitekt; kavandaja ~**ure** • *n* arhitektuur, ehituskunst

archive /ˈɑːkaɪv/ • *n* arhiiv

area /ˈɛəɹɪə, ˈæɹ.i.ə/ • *n* pindala

Argentina • *n* Argentina, Argentiina

arm /ɑːm, ɑɹm/ • *n* käsi

armadillo /ˌɑɹməˈdɪloʊ, ɑːməˈdɪləʊ/ • *n* armadill

Armenia • *n* Armeenia

army /ˈɑːmiː, ˈɑɹmi/ • *n* maavägi; armee, sõjavägi

arriv|e /əˈɹaɪv/ • *v* saabuma ~**al** • *n* saabumine

arrow /ˈæɹ.əʊ, ˈæɹ.oʊ/ • *n* nool

art /ɑːt, ɑɹt/ • *n* kunst ~**ist** • *n* kunstnik, taidur

article /ˈɑːtɪkəl, ˈɑɹtɪkəl/ • *n* artikkel

ASAP • *adv* (*abbr* As Soon As Possible) asap, ASAP

ash /æʃ/ • *n* tuhk; saar

Asia • *n* Aasia ~**n** • *adj* aasia • *n* aasialane

ask /ˈɑːsk, ˈask/ • *v* küsima, pärima; paluma

ass /æs/ • *n* eesel; perse

assassin /əˈsæsɪn/ • *n* palgamõrvar ~**ate** • *v* mõrvama ~**ation** • *n* atentaat

assembly /əˈsɛmb.lɪ, əˈsɛmb.li/ • *n* assemblee

assistance /əˈsɪs.təns/ • *n* abi

assure /əˈʃʊə, əˈʃʊɹ/ • *v* kinnitama; veenma

astronom|y /əˈstɹɑnəˌmi/ • *n* astronoomia, täheteadus ~**er** • *n* astronoom

asylum /əˈsaɪləm/ • *n* varjupaik

ate (*sp*) ▷ EAT

Athens • *n* Ateena
atmosphere /ˈæt.məsˌfɪə(ɹ), ˈætməsˌfɪɹ/ • *n* atmosfäär
attach /əˈtætʃ/ • *v* kaasama **~ment** • *n* kaasatud fail
attack /əˈtæk/ • *n* kallaletung; rünnak; haigushoog • *v* ründama; halvustama
attempt /əˈtɛmpt/ • *n* katse; tapmiskatse • *v* proovima, üritama, katsetama
attention /əˈtɛn.ʃən/ • *n* tähelepanu
attribute /ˈætɹɪbjuːt, ˈætɹɪˌbjut/ • *n* täiend
atypical /eɪ.ˈtɪp.ɪ.kəl/ • *adj* ebatüüpiline
auction /ˈɔːkʃən, ˈɒkʃən/ • *n* oksjon, enampakkumine
audio /ˈɔː.di.əʊ, ˈɔ.di.oʊ/ • *adj* heli-, kuuldav
August /ˈɔːɡʌst/ • *n* august
aunt /ɑ(ː)nt, ænt/ • *n* tädi
Australia • *n* Austraalia, Austraalia Ühendus **~n** • *adj* Australia, australaalia • *n* austraallane, austraallanna
Austria • *n* Austria
authentic /ɔːˈθɛn.tɪk, ɑːˈθɛn.tɪk/ • *adj* ehtne; tõeline
author /ˈɔː.θə, ˈɔ.θɚ/ • *n* autor
authority /ɔːˈθɒɹəti, əˈθɔɹəti/ • *n* võim; asjatundja
authoriz|e /ˈɔθəɹaɪz, ˈɑθəɹaɪz/ • *v* volitama, lubama **~ation** • *n* volitus
automati|c /ˌɔːtəˈmætɪk, ˌɔtəˈmætɪk/ • *adj* automaatne **~on** • *n* automatiseerimine
automobile /ˈɔː.tə.mə.biːl, ˈɔ.tə.moʊˌbil/ • *n* auto

autonomy /ɔːˈtɒnəmi, ɔˈtɑnəmi/ • *n* autonoomia
autumn /ˈɔːtəm, ˈɔtəm/ • *n* sügis
availability /əˌveɪləˈbɪlɪti/ • *n* saadavus
avoid /əˈvɔɪd/ • *v* vältima, hoiduma
await /əˈweɪt/ • *v* ootama
award /əˈwɔːd, əˈwɔɹd/ • *n* auhind
axis /ˈæksɪs, ˈæksəs/ • *n* (*pl* axes) telg
Azerbaijan • *n* Aserbaidžaan

B

baby /ˈbeɪbi/ • *n* beebi; pesamuna
back /bæk/ • *adv* tagasi • *n* selg **~wards** • *adj* tahapoole, tagasisuunas; peegelpilt; vanamoodne; saamatu • *adv* tahapoole; tagurpidi
backyard /ˈbækˈjɑːd/ • *n* tagaõu
bacteria /bækˈtɪɹ.i.ə, bækˈtɪɹ.i.ə/ • *n* bakter, bakterid
bad /bæd, bæːd/ • *adj* halb
badge /bædʒ/ • *n* märk, tunnus
bag /ˈbæɡ, ˈbæːɡ/ • *n* kott
Bahamas • *n* Bahama, Bahama saared
Bahrain • *n* Bahrein
bakery /ˈbeɪ.kə.ɹi/ • *n* pagaritööstus
balanced • *adj* tasakaalustatud
bald /bɔːld, bɒld/ • *adj* kiilas
ball /bɔːl, bɑl/ • *n* pall; ball

ballet /ˈbæleɪ, bæˈleɪ/ • *n* ballett
balloon /bəˈluːn/ • *n* õhupall; kuumaõhupall
banana /bəˈnɑːnə, bəˈnænə/ • *n* banaan
band /bænd/ • *n* bänd, ansambel
bandage /ˈbændɪdʒ/ • *n* haavaside, side
Bangladesh • *n* Bangladesh
bank /bæŋk/ • *n* pank; kallas **~er** • *n* pankur
bankruptcy /ˈbæŋkrʌptsɪ/ • *n* pankrot
banner /ˈbænə, ˈbænər/ • *adj* erakordne • *n* lahingulipp; standart
bar /bɑː, bɑːr/ • *n* baar, kõrts, trahter; baarikapp
Barbados • *n* Barbados
barn /bɑːn/ • *n* rehi, küün
barrel /ˈbærəl, ˈbeərəl/ • *n* vaat
barrier /ˈbærɪ.ə(r), ˈbærɪ.ər/ • *n* barjäär, tõkkepuu; tõke; piir
base /beɪs/ • *n* alguspunkt, põhi; baas; peakorter; alus; kodu; aste • *v* lähtuma
baseball /ˈbeɪs.bɔːl, ˈbeɪs.bɒl/ • *n* pesapall
basic /ˈbeɪsɪk/ • *n* alus **~ally** • *adv* põhimõtteliselt
basis /ˈbeɪsɪs/ • *n* baas
basket /ˈbɑːskɪt, ˈbæskɪt/ • *n* korv
basketball /ˈbɑːs.kɪt.bɔːl, ˈbæs.kɪt.bɔːl/ • *n* korvpall
bat /bæt/ • *n* nahkhiir
bath /bɑːθ, beːθ/ • *n* vann; vannituba; kümblus • *v* vannitama **~room** • *n* vannituba
battery /ˈbætərɪ/ • *n* patarei

battle /ˈbætəl, ˈbætl̩/ • *n* lahing **~field** • *n* lahinguväli
bay /beɪ/ • *n* laht
be /biː, bi/ • *v* (*sp* was, *pp* been) olema
beach /biːtʃ, biːtʃ/ • *n* mererand
bean /biːn/ • *n* uba
bear /beə(r), beər/ • *n* karu
beard /bɪəd, bɪrd/ • *n* habe
beaut|y /ˈbjuːti, ˈbjuri/ • *n* ilu **~iful** • *adj* kaunis, ilus
beaver /ˈbiːvə, ˈbivər/ • *n* kobras, piiber
became (*sp*) ▷ BECOME
because /bɪˈkɒz, bɪˈkɔːz/ • *conj* kuna, seepärast, sest
become /bɪˈkʌm, bɪˈkʊm/ • *v* (*sp* became, *pp* become) muutuma
bed /bɛd, beːd/ • *n* voodi; magamisase; ase, alus, põhi; peenar; lade **~room** • *n* magamistuba
bee /bi, biː/ • *n* mesilane
beef /bif, biːf/ • *n* veiseliha
been (*pp*) ▷ BE
beer /bɪə(r), bɪə/ • *n* õlu, kesvamärjuke; kali
beetle /ˈbiːtəl/ • *n* mardikas
began (*sp*) ▷ BEGIN
begin /bɪˈgɪn/ • *v* (*sp* began, *pp* begun) hakkama, alustama **~ning** • *n* alustamine; algus
begun (*pp*) ▷ BEGIN
behav|e /bɪˈheɪv/ • *v* käituma; korralikult **~ior** • *n* käitumine
behaviour (*British*) ▷ BEHAVIOR
behind /bɪˈhaɪnd, ˈbiː.haɪnd/ • *n* tagaosa; tagumik • *prep* taga; taha
Beijing • *n* Peking

being /ˈbiːɪŋ, ˈbiɪŋ/ • *n* olend; olemasolu

Belarus • *n* Valgevene

belated • *adj* hilinenud, hiline

Belgium • *n* Belgia

belie|ve /bɪˈliːv/ • *v* uskuma **~f** • *n* usk; uskumus; lootus; veendumus

Belize • *n* Belize

bell /bɛl/ • *n* kell

belligerent /bəˈlɪdʒ.(ə).rənt, bəˈlɪdʒ.ə.ɹənt/ • *adj* sõdiv; sõjakas

belly /ˈbɛli/ • *n* kõht, vats

below /bɪˈləʊ, bəˈloʊ/ • *adv* allpool; allkorrusel; all • *prep* allpool; alla; allavoolu; lõunas

belt /bɛlt/ • *n* vöö

bench /bɛntʃ/ • *n* pink

Benin • *n* Benin

Berlin • *n* Berliin

Bern • *n* Bern

best /bɛst/ • *adj* parim

betray /bəˈtɹeɪ/ • *v* reetma

better /ˈbɛtə, ˈbɛtəɹ/ • *adj* parem • *(also)* ▷ GOOD

Bhutan • *n* Bhutan

Bible /ˈbaɪbəl/ • *n* Piibel

bicycle /ˈbaɪsɪkl/ • *n* jalgratas, ratas

big /bɪɡ/ • *adj* suur

bike /baɪk/ • *n* jalgratas; mootorratas

billion /ˈbɪljən/ • *n* miljard

bin /bɪn/ • *n* kast, konteiner; prügikast, prügikonteiner; prükkar

biography /baɪˈɒɡɹəfi, baɪˈɑːɡɹəfi/ • *n* elulugu, biograafia

biolog|y /baɪˈɒlədʒi, baɪˈɒlədʒɪ/ • *n* bioloogia, eluteadus **~ist** • *n* bioloog

bird /bɜːd, bɜd/ • *n* lind; tibi

birth /bɜːθ, bɜθ/ • *n* sünd **~day** • *n* sünnipäev

biscuit /ˈbɪskɪt/ • *n* biskviit

bishop /ˈbɪʃəp/ • *n* piiskop; oda

bite /baɪt, bʌɪt/ • *v* (*sp* bit, *pp* bitten) hammustama

bitten (*pp*) ▷ BITE

bitter /ˈbɪtə, ˈbɪtəɹ/ • *adj* mõru, kibe **~sweet** • *n* harilik maavits

black /blæk/ • *adj* must; pime; neeger, mustanahaline • *n* must

blackbird /ˈblakbəːd, ˈblækˌbɜːd/ • *n* musträstas

blackboard /ˈblækbɔːd, ˈblækbɔːd/ • *n* tahvel

blackmail • *n* väljapressimine, šantaaž

blade /bleɪd/ • *n* tera

blame /bleɪm/ • *v* süüdistama

blank /blæŋk/ • *adj* tühi

blanket /ˈblæŋkɪt/ • *n* tekk

blend /blɛnd/ • *n* sulama

blind /blaɪnd/ • *adj* pime • *v* pimestama **~ness** • *n* pimedus

blog /blɒɡ, blɑɡ/ • *n* ajaveeb, blog

blood /blʌd, blʊd/ • *n* veri

blue /bluː, blu/ • *adj* sinine

blunt /blʌnt/ • *adj* nüri; otsekohene

board /bɔːd, bɔːɹd/ • *n* tahvel

boat /bəʊt, boʊt/ • *n* paat

body /ˈbɒdi, ˈbɑdi/ • *n* asi; ihu; laip; kere; pihaosa; asutus;

bold   8   builder

rahvas; kogu; keha **~guard** • *n* turvamees, ihukaitsja
bold /bəʊld, boʊld/ • *adj* julge, vahva; paks
Bolivia • *n* Boliivia
bolt /bɒlt, boʊlt/ • *n* polt
bomb /bɒm, bɑm/ • *n* pomm • *v* pommitama
bone /boʊn/ • *n* luu; kont; kalaluu; vaalaluu; luine
book /bʊk, buːk/ • *n* raamat
boot /but, buːt/ • *n* saabas • *v* buutimine, buutima
border /ˈbɔədə, ˈbɔːdə/ • *n* raam; piir • *v* piiritlema
bore *(sp)* ▷ BEAR
borne *(pp)* ▷ BEAR
borrow /ˈbɒɹəʊ, ˈbɑɹoʊ/ • *v* laenama
Bosnia • *n* Bosnia
both /bəʊθ, boʊθ/ • *det* mõlemad
bother /ˈbɒðəɹ/ • *n* tülin, nuhtlus • *v* tüütama, tülitama; vaevuma, vaeva nägema
Botswana • *n* Botswana
bottle /ˈbɒ.təl, ˈbɑ.təl/ • *n* pudel
bottom /ˈbɒtəm, ˈbɑtəm/ • *n* passiivne
bought *(sp/pp)* ▷ BUY
bound /ˈbaʊnd/ • *v* tõkestama
bow /bəʊ, boʊ/ • *n* vibu; vöör, käil
bowl /bəʊl, boʊl/ • *n* kauss **~ing** • *n* keegel
box /bɒks, bɑks/ • *n* karp; karbitäis; loož; kabiin; putka; telekas; arvuti • *v* pakkima
boy /bɔɪ, bɔːə/ • *n* poiss
brain /bɹeɪn/ • *n* aju, peaaju; aru, mõistus
brake /bɹeɪk/ • *n* pidur

branch /bɹɑːntʃ, bɹæntʃ/ • *n* oks; haru
brave /bɹeɪv/ • *adj* vapper, vahva, julge
Brazil • *n* Brasiilia
bread /bɹɛd/ • *n* leib
breakfast /ˈbɹɛkfəst, ˈbɹeɪkˌfæst/ • *n* hommikueine, hommikusöök
breast /bɹɛst/ • *n* rind
breath|e /bɹiːð/ • *v* hingama **~ing** • *n* hingamine
brick /bɹɪk/ • *adj* telliskivi- • *n* tellis
bride /bɹaɪd/ • *n* pruut
bridge /bɹɪdʒ/ • *n* sild
brief /bɹiːf/ • *adj* lühike, põgus
bring /bɹɪŋ/ • *v* (*sp* brought, *pp* brought) tooma
British • *adj* briti • *n* britt
broadband • *n* lairiba
broker /ˈbɹəʊkə, ˈbɹoʊkəɹ/ • *n* maakler, vahendaja
bronze /bɹɒnz, bɹɑnz/ • *n* pronks
brother /ˈbɹʌðə(ɹ), ˈbɹʌðəɹ/ • *n* vend, veli; oma **~-in-law** • *n* küdi; nääl; õemees; kälimees
brought *(sp/pp)* ▷ BRING
brown /bɹaʊn/ • *adj* pruun
Brunei • *n* Brunei
brush /bɹʌʃ/ • *n* hari, pintsel
Brussels • *n* Brüssel
bubble /ˈbʌb.əl/ • *n* mull
buck /bʌk/ • *n* sokk
bucket /ˈbʌkɪt/ • *n* ämber, pang
budget /ˈbʌdʒ.ɪt/ • *n* eelarve, büdžett
buffer /ˈbʌfə(ɹ), ˈbʌfəɹ/ • *n* puhver
build /bɪld/ • *v* (*sp* built, *pp* built) ehitama
builder /ˈbɪl.də, ˈbɪl.dəɹ/ • *n* ehitaja

building /ˈbɪldɪŋ/ • *n* ehitama; hoone
built *(sp/pp)* ▷ BUILD
Bulgaria • *n* Bulgaaria **~n** • *adj* bulgaaria • *n* bulgaarlane; bulgaaria
bull /bʊl/ • *n* sõnn **~fighting** • *n* härjavõitlus
bullet /ˈbʊl.ɪt/ • *n* kuul
bumblebee /ˈbʌmbl̩bi/ • *n* kimalane
bureaucracy /bjʊəˈrɒkrəsi, bjʊˈrɑːkrəsi/ • *n* bürokraatia
burn /bɜn, bɜːn/ • *v* *(sp* burnt, *pp* burnt) põlema
burned *(sp/pp)* ▷ BURN
burnt *(sp/pp)* ▷ BURN
Burundi • *n* Burundi
bus /bʌs/ • *n* buss, autobuss
bush /bʊʃ/ • *n* põõsas
business /ˈbɪz.nɪs, ˈbɪz.nəs/ • *n* äri **~man** • *n* ärimees **~woman** • *n* ärinaine
busy /ˈbɪzi/ • *adj* toimekas
but /bʌt, bʊt/ • *conj* ent; kuid; peale
butter /ˈbʌtəɪ, ˈbʌtə/ • *n* või
butterfly /ˈbʌtə(ɪ)flaɪ/ • *n* liblikas
button /ˈbʌtn̩/ • *n* nööp; nupp
buy /baɪ/ • *v* *(sp* bought, *pp* bought) ostma
bye /baɪ/ • *interj* tsau

C

cabbage /ˈkæbɪdʒ/ • *n* kapsas
cactus /ˈkæktəs/ • *n* *(pl* cacti) kaktus
cage /keɪdʒ/ • *n* puur
Cairo • *n* Kairo
cake /keɪk/ • *n* kook
calculator /ˈkæl.kjə.leɪ.tə(ɪ)/ • *n* kalkulaator, taskuarvuti
calendar /ˈkæl.ən.də, ˈkæl.ən.dəɪ/ • *n* kalender
calf /kɑːf, kæf/ • *n* *(pl* calves) vasikas
call /kɔːl, kɔl/ • *v* kutsuma
calm /kɑːm, kɑ(l)m/ • *n* tuulevaikus
calves *(pl)* ▷ CALF
Cambodia • *n* Kambodža
came *(sp)* ▷ COME
camel /ˈkæməl/ • *n* kaamel
camera /ˈkæmərə/ • *n* fotoaparaat; kaamera
Cameroon • *n* Kamerun
camp /kæmp, æ/ • *n* laager
campaign /kæmˈpeɪn/ • *n* kampaania
camping /ˈkæmpɪŋ/ • *n* telkimine
can /kæn, kən/ • *v* *(sp* could, *pp* -) osata; võima
Canad|a • *n* Kanada **~ian** • *adj* kanada • *n* kanadalane
canal /kəˈnæl, kəˈnɛl/ • *n* kanal
cancel /ˈkænsl/ • *v* kustutama; tühistama; taandama
cancer /ˈkænsə, ˈkæːnsə/ • *n* vähktõbi
candle /ˈkændəl/ • *n* küünal
candy /ˈkændi/ • *n* komm, kompvek
cannabis /ˈkænəbɪs/ • *n* kanep
Cape Verde • *n* Roheneemesaared, Cabo Verde

capital /'kæp.ɪ.təl/ • *n* kapital; kapiteel

capitalism /'kæpɪt(ə)lɪz(ə)m, 'kæpɪtḷˌɪzm/ • *n* kapitalism

car /kɑː, kɑɹ/ • *n* auto, masin; vagun

carbon /'kɑɹbən/ • *n* süsinik; süsi; süsinikdioksiid, süsihappegaas

card /kɑːd, kɑɹd/ • *n* kaart

careful /'kɛːfəl, 'kɛ(ə)ɹfəl/ • *adj* ettevaatlik, tähelepanelik

career /kəˈɹɪɪ, kəˈɹɪə/ • *n* karjäär

cargo • *n* last, praht, laadung

carpet /'kɑːpɪt, 'kɑɹpɪt/ • *n* vaip

carriage /'kæɹɪdʒ/ • *n* vagun

carrot /'kæɹ.ət/ • *n* porgand

carry /'kæ.ɹi/ • *n* kandma

cart /kɑːt, kɑɹt/ • *n* vanker

cash /kæʃ/ • *n* sularaha

casino /kæˈsinoʊ/ • *n* kasiino

castle /'kɑːsəl, 'kæsəl/ • *n* linnus, kindlus

cat /kæt, kat/ • *v* oksendama

catch /kætʃ/ • *n* püüe; leid; püüdmine

caterpillar /'kætəpɪlə(ɹ), 'kædəɹˌpɪləɹ/ • *n* tõuk, röövik

cattle /'kæt(ə)l/ • *n* veised; kariloomad

caught *(sp/pp)* ▷ CATCH

cause /kɔːz, kɒz/ • *n* alus, ajend, põhjus; eesmärk, siht, üritus • *v* põhjustama, tekitama

cautious /'kɔːʃəs/ • *adj* ettevaatlik

cave /keɪv/ • *n* koobas

ceiling /'siːlɪŋ/ • *n* lagi

celebration • *n* pidu

cell /sɛl/ • *n* rakk

cellar /'sɛlə(ɹ), 'sɛlɚ/ • *n* kelder

cemetery *(British)* ▷ GRAVEYARD

censorship /'sɛnsəʃɪp, 'sɛnsɚʃɪp/ • *n* tsensuur

cent|er /'sɛn.tɚ, 'sɛn.tə(ɹ)/ • *n* keskus **~ral** • *adj* keskne

centre *(British)* ▷ CENTER

century /'sɛn.tʃə.ɹi:/ • *n* sajand; tsentuuria

ceremony /'sɛɹɪməni, 'sɛɹəmoʊni/ • *n* tseremoonia

certificate /səɹˈtɪfɪkɪt, səɹˈtɪfɪˌkeɪt/ • *n* tunnistus, sertifikaat

Chad • *n* Tšaad

chain /tʃeɪn/ • *n* kett; ahel

chair /tʃɛə(ɹ), tʃɛəɹ/ • *n* tool

chameleon /kəˈmiːlɪən/ • *n* kameeleon

championship /'tʃæmpi.ənʃɪp/ • *n* meistrivõistlused

chance /tʃæns, tʃɑːns/ • *n* võimalus

chaos /'keɪ.ɒs, 'keɪ.ɑs/ • *n* kaos

chapter /'tʃæptə, 'tʃæptɚ/ • *n* peatükk

character /'kɛɹəktɚ, 'kæɹəktɚ/ • *n* karakter, tegelane

charger /'tʃɑːdʒə, 'tʃɑɹdʒɚ/ • *n* sõjaratsu

charming /'tʃɑː(ɹ).mɪŋ/ • *adj* võluv, kütkestav, veetlev

chase /tʃeɪs/ • *n* tagaajamine • *v* taga ajama

cheap /tʃiːp, tʃiːp/ • *adj* odav

check /tʃɛk/ • *n* tuli **~mate** • *interj* šahh ja matt • *n* matt; lüüasaamine

cheek /tʃiːk/ • *n* põsk

cheese /tʃiːz, tʃiz/ • *n* juust, sõir

chef /ʃɛf/ • *n* peakokk

chemi|stry /ˈkɛm.ɪ.stɹi/ • *n* keemia; keemia-, kemo- **~cal** • *adj* keemiline • *n* kemikaal

chest /tʃɛst/ • *n* rind, rindkere, rinnakorv

chewing gum • *n* närimiskumm

chicken /ˈtʃɪkɪn/ • *n* kana; kanaliha; arg, argpüks

chief /tʃiːf/ • *n* pealik

child /tʃaɪld/ • *n* (*pl* children) laps **~ish** • *adj* lapsik

children (*pl*) ▷ CHILD

Chile • *n* Tšiili

chimpanzee /ˌtʃɪmˈpæn.ziː/ • *n* šimpans

chin /tʃɪn/ • *n* lõug

Chin|a /ˈtʃʌɪnə/ • *n* Hiina **~ese** • *adj* hiina; hiinlased; hiinlane *f*, hiinlanna *f*; hiina toit

chip /tʃɪp/ • *n* kild, laast, pilbas; žetoon; friikartulid, friikad; kartulikrõpsud, krõpsud, tšipsid

chivalry /ˈʃɪvəlɹi/ • *n* rüütellikkus

chocolate /ˈtʃɒk(ə)lɪt, ˈtʃɔːk(ə)lət/ • *n* šokolaad

choice /tʃɔɪs/ • *n* valik

choir /kwaɪə(ɹ), kwaɪɚ/ • *n* koor

choose /tʃuːz/ • *v* (*sp* chose, *pp* chosen) valima

chose (*sp*) ▷ CHOOSE

chosen (*pp*) ▷ CHOOSE

Christian • *adj* kristlik • *n* kristlane • *n* Kristjan **~ity** • *n* ristiusk

Christmas • *n* jõulud

chronic /ˈkɹɒnɪk/ • *adj* krooniline

church /tʃɜːtʃ, tʃɜtʃ/ • *n* kirik; jumalateenistus

cigarette /ˈsɪ.ɡə.ɹɛt/ • *n* sigaret, suits, sigarett, pabeross

cinema /ˈsɪn.ə.mə, ˈsɪn.ɪ.mə/ • *n* kino

circle /ˈsɜːkəl/ • *n* ring

circumspect /ˈsɜː.kəm.spɛkt, ˈsɚ.kəm.spɛkt/ • *adj* ettevaatlik

citizen /ˈsɪtɪzən/ • *n* kodanik; linnaelanik; tsiviilisik **~ship** • *n* kodakondsus

city /ˈsɪti, sɪti/ • *n* linn

civilization /ˌsɪv.ɪ.laɪˈzeɪ.ʃən, ˌsɪv.ə.ləˈzeɪ.ʃən/ • *n* tsivilisatsioon

class /klɑːs, klæs/ • *n* rühm; seisus; klass; kursus **~room** • *n* klassiruum

claw /klɔː, klɔ/ • *n* küünis; sõrg • *v* küünistama

clay /kleɪ/ • *n* savi

clean /kliːn, klin/ • *adj* puhas • *v* puhastama

clear /klɪə(ɹ), klɪɹ/ • *adj* ilmne

clever /ˈklɛvɚ/ • *adj* nutikas

client /ˈklʌɪənt, ˈklaɪ.ənt/ • *n* klient

cliff /klɪf/ • *n* kalju

climate /ˈklaɪmɪt/ • *n* kliima

cling /klɪŋ/ • *v* liibuma

clinic /ˈklɪnɪk/ • *n* kliinik

clock /klɒk, klɑk/ • *n* kell **against the ~** • *phr* ajaga võidu

close /kləʊz, kloʊz/ • *adj* lähedal • *v* sulgema **~d** • *adj* suletud, kinnine; salajane

cloth|es /kləʊ(ð)z, kloʊ(ð)z/ • *n* kehakate, riided, riietus **~ing** • *n* rõivas, riie

cloud /klaʊd/ • *n* pilv; vidu, udu; parv • *v* pilvinema; ähmastama, varjutama **~y** • *adj* pilvine

club /klʌb/ • *n* klubi; risti
clumsy /ˈklʌmzi/ • *adj* kohmakas; rohmakas
coal /kəʊl, koʊl/ • *n* kivisüsi, süsi
coast /koʊst, kəʊst/ • *n* rand, rannik
coat /koʊt, kəʊt/ • *n* mantel
cocaine /koʊˈkeɪn/ • *n* kokaiin
cock /kɒk, kak/ • *n* isaslind
cockroach • *n* prussakas
cocktail • *n* kokteil
cod /kɒd, kad/ • *n* tursk
coffee /ˈkɒ.fi, ˈkɔː.fi/ • *n* kohv; kohvipuu; kohvipruun
coin /kɔɪn/ • *n* münt, metallraha
coincidental /kəʊ.ɪn.sɪˈdɛn.tl̩/ • *adj* kokkusattumuslik; samaaegne, üheaegne
cold /kəʊld, koʊld/ • *adj* külm
collaborate /kəˈlæbəɹeɪt, kəˈlæbəɹeɪt/ • *v* koostööd tegema; kollaboreerima
collar /ˈkɒl.ə, ˈkɑ.lɚ/ • *n* kaelus, krae; kaelarihm • *v* kraest haarama, kinni nabima
colleague /ˈkɑliːɡ/ • *n* kolleeg
collect /kəˈlɛkt/ • *v* koguma ~**ion** • *n* kogu; kogumine
Colombia • *n* Colombia, Kolumbia
colony /ˈkɒl.əni, ˈkɑləniː/ • *n* koloonia
color /ˈkʌl.ɚ, ˈkʌl.ə(ɹ)/ • *n* värvus, värv; toon; nahavärv; lipp
colour *(British)* ▷ COLOR
column /ˈkɒləm, ˈkɑləm/ • *n* sammas; veerg; leheveerg
coma /ˈkəʊmə, ˈkoʊmə/ • *n* kooma
combat /ˈkɒmˌbæt, ˈkamˌbæt/ • *n* lahing

combination /ˌkɒmbɪˈneɪʃən/ • *n* sobitama, kombineerima; järjestus, kombinatsioon; kooslus
come /kʌm/ • *v* (*sp* came, *pp* come) tulema
comedy /ˈkɑm.ə.di/ • *n* komöödia
comfortable /ˈkʌmft.əb.əl, ˈkɛmft.əb.əl/ • *adj* mugav
comic /ˈkɒmɪk, ˈkamɪk/ • *n* koomiks
comma /ˈkɒm.ə, ˈkɑm.ə/ • *n* koma
command /kəˈmɑːnd, kəˈmænd/ • *v* juhtima ~**er** • *n* ülem
comment /ˈkɒmɛnt, ˈkɑmɛnt/ • *n* kommentaar
commerce /ˈkɑm.ɚs, ˈkɒm.əs/ • *n* kaubandus
commissioner • *n* erivolinik
committee /kəˈmɪt.i, kɒmɪˈtiː/ • *n* komitee
communis|m /ˈkɒm.jʊˌnɪzm̩/ • *n* kommunism ~**t** • *n* kommunistlik
community /kəˈmjuːnɪti, k(ə)ˈmjunəti/ • *n* kogukond
Comoros • *n* Komoorid, Komoori saared
company /ˈkʌmp(ə)ni, ˈkʌmpəni/ • *n* äriühing, ettevõte, firma, kompanii; seltskond; rood
compare /kəmˈpɛɚ, kəmˈpɛə/ • *v* võrdlema
compassion /kəmˈpæʃ.ən/ • *n* kaastunne
compensation /ˌkɒmpɛnˈseɪʃən/ • *n* hüvitis
competition /ˌkɒmpəˈtɪʃən, ˌkɑːmpəˈtɪʃən/ • *n* võistlus

compilation /kɒmpɪˈleɪʃən/ • *n* kogumine, kokkupanek; kogumik, kompilatsioon; tõlkimine, kompileerimine

complement /ˈkɒmpləmənt, ˈkɑmpləmənt/ • *v* täiendama

complex /kəmˈplɛks, ˈkɒm.plɛks/ • *n* kompleks **~ity** • *n* keerulisus; keerukus

compose /kəmˈpoʊz, kəmˈpəʊz/ • *v* koostama; moodustama; sisaldama; looma; rahunema **~r** • *n* helilooja

compound /ˈkɒmpaʊnd, ˈkɑmpaʊnd/ • *n* kompleks

compromise /ˈkɒmpɹəˌmaɪz, ˈkɑmpɹəˌmaɪz/ • *n* kompromiss

computer /kəmˈpjuːtə, kəmˈpjutɚ/ • *n* arvuti, kompuuter, raal; arvutaja

conceal /kənˈsiːl/ • *v* varjama, peitma

conceive /kənˈsiːv/ • *v* käsitama; rasestuma **~ption** • *n* kontseptsioon

concept /ˈkɒn.sɛpt/ • *n* mõiste

concert /kənˈsɜːt, kənˈsɜt/ • *n* kontsert

concrete /ˈkɒnkɹiːt, ˌkɑnˈkɹiːt/ • *adj* konkreetne • *n* betoon

conditional /kənˈdɪʃənəl/ • *n* tingiv

condom /ˈkɒn.dɒm, ˈkɑn.dəm/ • *n* kondoom, preservatiiv, kumm, kandoss

conference /ˈkɒnfɹəns, ˈkɒnfəɹəns/ • *n* konverents

configur|e /kənˈfɪɡ(j)ɚ, kənˈfɪɡ(j)ə/ • *v* seadma **~ation** • *n* asetus

confirmation /kɑnfɚˈmeɪʃən, kɒnfəˈmeɪʃən/ • *n* kinnitus

conflict /ˈkɒn.flɪkt, ˈkɑn.flɪkt/ • *n* konflikt

Congo • *n* Kongo, Kongo-Brazzaville, Brazzaville'i Kongo; Kongo DV, Kongo-Kinshasa, Kinshasa Kongo

congratulate /kənˈɡɹædʒʊˌleɪt/ • *v* õnnitlema

conjunction /kənˈdʒʌŋkʃən/ • *n* sidesõna

connection /kəˈnɛkʃən/ • *n* ühendamine, seostamine; ühendus, seos

consci|ence /ˈkɒnʃəns/ • *n* südametunnistus, süüme **~ousness** • *n* teadvus

consider /kənˈsɪdə, kənˈsɪdɚ/ • *v* pidama

consistent /kənˈsɪst(ə)nt, kənˈsɪstənt/ • *adj* järjepidev

constant /ˈkɒnstənt, ˈkɑnstənt/ • *adj* püsiv

constitution /ˌkɒnstɪˈtjuːʃən, ˌkɑnstɪˈtuʃən/ • *n* põhiseadus, konstitutsioon

construct /ˈkɒn.stɹʌkt, ˈkɑn.stɹʌkt/ • *v* ehitama; koostama

container /kənˈteɪnə, kənˈteɪnɚ/ • *n* mahuti; konteiner

content /ˈkɒn.tɛnt, ˈkɑn.tɛnt/ • *n* sisu; sisaldus

context /ˈkɒntɛkst, ˈkɑːntɛkst/ • *n* kontekst

continent /ˈkɒntɪnənt, ˈkɑntɪnənt/ • *n* maailmajagu, manner, mander

| continue | 14 | criticize |

continu|e /kənˈtɪnjuː/ • *v* jätkama, jätkuma **~ous** • *adj* pidev

contract /ˈkɒntrækt, ˈkɑːntrækt/ • *n* leping, kontraht

contribution /ˌkɑntrɪˈbjuʃən, ˌkɒntrɪˈbjuːʃən/ • *n* panus

control /kənˈtɹoʊl, kənˈt(ʃ)ɹoʊl/ • *n* võim, kontroll; kontrollgrupp

controvers|y /ˈkɒntɹəvɜːsi, ˈkɑntɹəˌvɜːsi/ • *n* vaidlus **~ial** • *adj* vastuoluline

conversation /ˌkɒn.vəˈseɪ.ʃən, ˌkɑːn.vərˈseɪ.ʃən/ • *n* vestlus

conversion /kənˈvɜːʃ(ə)n, kənˈvɜːʒən/ • *n* muundamine

convince /kənˈvɪns/ • *v* veenma

cook /kʊk, kuk/ • *n* kokk • *v* keetma

cookie /ˈkʊki/ • *n* küpsis, kook, biskviit

cop /kɒp, kɑp/ • *n* ment

copper /ˈkɒp.ə, ˈkɒp.ə/ • *n* vask

copy /ˈkɒpi, ˈkɑpi/ • *n* koopia

cordial /ˈkɔː.dɪ.əl, ˈkɔɹ.dɪ.əl/ • *adj* südamlik • *n* siirup; puuviljaliköör

corner /ˈkɔɹnɚ, ˈkɔːnə(ɹ)/ • *n* nurk **~stone** • *n* nurgakivi

correct /kəˈɹɛkt/ • *adj* õige

correlation /ˌkɔɹəˈleɪʃən, ˌkɒɹəˈleɪʃən/ • *n* korrelatsioon

corridor /ˈkɒɹɪˌdɔː(ɹ), ˈkɔɹəˌdɔɹ/ • *n* koridor

Costa Rica • *n* Costa Rica

costume /ˈkɒs.tjuːm, ˈkɑs.t(j)uːm/ • *n* kostüüm

cotton /ˈkɑt.n̩, ˈkɒt.n̩/ • *n* puuvill; puuvill

couch /kaʊtʃ/ • *n* diivan

could (*sp*) ▷ CAN

council /ˈkaʊn.səl/ • *n* nõukogu

count /kaʊnt/ • *n* loendus; krahv • *v* loendama; lugema

country /ˈkʌntɹi, ˈkɛntɹi/ • *n* maa; riik; kantri

county /ˈkaʊnti/ • *n* krahvkond; maakond

couple /ˈkʌpəl/ • *n* paar

courage /ˈkʌɹɪdʒ/ • *n* julgus, vaprus

court /kɔːt, kɔɹt/ • *n* hoov; kohus

cousin /ˈkʌz.n̩, ˈkʌz.ɪn/ • *n* nõbu, tädipoeg, täditütar, onupoeg, onutütar

cover /ˈkʌvɚ, ˈkʌvə/ • *v* hõlmama

cow /kaʊ/ • *n* lehm *f*

coward /ˈkaʊəd, ˈkaʊəɹd/ • *n* argpüks

crab /kɹæb/ • *n* krabi

crack /kɹæk/ • *n* pragu

crazy /ˈkɹeɪzi/ • *adj* hull

cream /kɹiːm/ • *n* koor; kreem

create /kɹiːˈeɪt/ • *v* looma

creativity /ˌkɹieɪˈtɪvɪti, ˌkɹieɪˈtɪvəti/ • *n* loovus

creature /ˈkɹiːtʃə, ˈkɹiːtʃəɹ/ • *n* olend

crew /kɹuː/ • *n* meeskond • (*also*) ▷ CROW

crim|e /kɹaɪm/ • *n* kuritegu; kuritegevus **~inal** • *n* kurjategija, roimar

crisis /ˈkɹaɪsɪs/ • *n* (*pl* crises) kriis

criterion /kɹaɪˈtɪəɹi.ən/ • *n* kriteerium

critic /ˈkɹɪt.ɪk/ • *n* arvustaja

critici|ze /ˈkɹɪtɪsaɪz/ • *v* arvustama **~sm** • *n* arvustamine, kriitika

Croatia • *n* Horvaatia **~n** • *adj* kroatia • *n* horvaat; horvaadi
cross /kɪɒs, kɪɔs/ • *n* rist
crow /kɪəʊ, kɪoʊ/ • *n* vares
crowd /kɪaʊd/ • *n* rahvahulk, hulk
crowed *(sp/pp)* ▷ CROW
crown /kɪaʊn/ • *n* kroon, hambakroon; pealagi, lagipea; tipp, nael
crude /kɪuːd/ • *adj* rohmakas, tahumatu
cruel /kɪuːəl/ • *adj* julm
cry /kɪaɪ/ • *n* nutt; arje, karjatus, kiljatus, kilje; hüüe, hüüatus • *v* nutma, nuuksuma; karjuma, hüüdma
crystal /ˈkɪɪstəl/ • *n* kristall
Cuba • *n* Kuuba
cuckoo /ˈkʊkuː, ˈkuːkuː/ • *n* kägu
cult /kʌlt/ • *n* kultus
culture /ˈkʌltʃɚ, ˈkʌltʃə/ • *n* kultuur
cup /kʌp/ • *n* tass **~board** • *n* kapp
cure /kjʊə(ɹ), kjʊɹ/ • *n* ravi, kuur
curiosity /ˌkjʊəɹɪˈɒsɪti/ • *n* uudishimu; kurioosum
currency /ˈkʌɹ.ən.si/ • *n* valuuta
current /ˈkʌɹənt/ • *n* hoovus; elektrivool **~ly** • *adv* praegu
curtain /ˈkɜːtn̩, ˈkɝtn̩/ • *n* kardin, eesriie
custom /ˈkʌstəm/ • *n* tava, komme; harjumus
customer /ˈkʌstəmə, ˈkʌstəmɚ/ • *n* klient
cycle /ˈsaɪkəl/ • *n* tsükkel; sari
cycling /ˈsaɪk(ə)lɪŋ/ • *n* jalgrattasõit
Cyprus • *n* Küpros

Czech • *adj* tšehhi • *n* tšehh; tšehhi **~ Republic** • *n* Tšehhi Vabariik, Tšehhi, rarely Tšehhimaa

D

dad /dæd/ • *n* issi, taat
dairy /ˈdeəɹi/ • *n* piimatooted
dam /dæm/ • *n* pais
damage /ˈdæmɪdʒ/ • *n* kahju
damn /dæm/ • *v* needma
dance /dæns, dɑːns/ • *n* tants • *v* tantsima **~r** • *n* tantsija
danger /ˈdeɪn.dʒə(ɹ), ˈdeɪndʒɚ/ • *n* oht, hädaoht **~ous** • *adj* ohtlik
Danish • *n* taani keel
darkness /ˈdɑːknəs, ˈdɑɹknɪs/ • *n* pimedus
data /ˈdeɪtə, ˈdætə/ • *n* andmed **~base** • *n* andmebaas
date /deɪt/ • *n* kaaslane; daatum, kuupäev; hetk; tähtaeg; eluiga; kohtumine, kohtamine; dattel **~d** • *adj* dateeritud; aegunud, vana
daughter /ˈdɔːtə(ɹ), ˈdɔ.tɚ/ • *n* tütar
da|y /deɪ/ • *n* ööpäev, päev **~ily** • *adj* igapäevane • *adv* iga päev, päeviti • *n* päevaleht
dead /dɛd/ • *adj* surnud **~line** • *n* tähtaeg
deaf /dɛf, diːf/ • *adj* kurt
dealer /ˈdiːlə(ɹ)/ • *n* diiler, narkodiiler; maakler; jagaja

death /dɛθ/ • *n* surm; vikatimees
debt /dɛt/ • *n* võlg
decade /'dɛkeɪd/ • *n* aastakümned
deceive /dɪ'siːv/ • *v* petma, tüssama
December • *n* detsember
decide /dɪ'saɪd/ • *v* otsustama
deck /dɛk/ • *n* kaardipakk; laevalagi
declare /dɪ'klɛə, dɪ'klɛər/ • *v* kuulutama
declension /dɪ'klɛn.ʃən/ • *n* käänamine
deep /diːp/ • *adj* sügav, süva
deer /dɪə, dɪɹ/ • *n* hirv
default /dɪ'fɔːlt, dɪ'fɑlt/ • *n* viivitus
defeat /dɪ'fiːt/ • *n* lüüasaamine • *v* võitma
defence *(British)* ▷ DEFENSE
defen|d /dɪ'fɛnd, dɛ'fɛnd/ • *v* kaitsma **~der** • *n* kaitsja **~se** • *n* kaitse **~dant** • *n* kaebealune
definition /ˌdɛfɪ'nɪʃ(ə)n/ • *n* definitsioon
degree /dɪ'gɹiː/ • *n* kraad, aste
delegat|e /'dɛlɪgət, 'dɛlɪˌgeɪt/ • *v* delegeerima **~ion** • *n* delegatsioon
delicious /dɪ'lɪʃəs, də'lɪʃəs/ • *adj* maitsev
delightful /də'laɪt.fəl/ • *adj* rõõmustav
delivery /dɪ'lɪv(ə)ɹi/ • *n* tarne; saadetis
democracy /dɪ'mɒkɹəsi, dɪ'mɑkɹəsi/ • *n* demokraatia
demographic /ˌdɛmə'gɹæfɪk/ • *adj* demograafiline, demograafia-
 • *n* demograafia, rahvastikuteadus
demolish /də'mɒl.ɪʃ/ • *v* lammutama
demon /'diː.mən/ • *n* deemon **~ic** • *adj* deemonlik
demonstration /ˌdɛmən'stɹeɪʃən/ • *n* meeleavaldus
demure /dɪ'mjʊə(ɹ), dɪ'mjʊɹ/ • *adj* tagasihoidlik
Denmark • *n* Taani
density /'dɛn.sɪ.ti, 'dɛn.sə.ti/ • *n* tihedus
dentist /'dɛntɪst/ • *n* hambaarst
depend /dɪ'pɛnd/ • *v* usaldama **~ent** • *adj* sõltuv • *n* ülalpeetav
depict /dɪ'pɪkt/ • *v* kujutama
deployment /dɪ'plɔɪmənt/ • *n* juurutama
deposit /dɪ'pɒzɪt, dɪ'pɑzɪt/ • *n* sadestis; deposiit; pant
depth /dɛpθ/ • *n* sügavus
deriv|e /də'ɹaɪv/ • *v* tuletama **~ative** • *n* tuletis
descend /dɪ'sɛnd/ • *v* laskuma, langema, alanduma, madalduma
describe /də'skɹaɪb/ • *v* kirjeldama
desert /dɪ'zɜː(ː)t, dɪ'zɜɹt/ • *n* kõrb **~er** • *n* desertöör
design /dɪ'zaɪn/ • *n* kavand; disain • *v* kavandama **~er** • *n* disainer
desire /dɪ'zaɪə, dɪ'zaɪɹ/ • *n* soov; iha
desk /dɛsk/ • *n* kirjutuslaud, koolipink, pult
dessert /dɪ'zɜːt, dɪ'zɜt/ • *n* magustoit, dessert

destiny /ˈdɛstɪni/ • *n* saatus
detail /ˈdiːteɪl, ˈdɪteɪl/ • *v* täpselt selgitama **~ed** • *adj* põhjalik, täpne
detect /dɪˈtɛkt/ • *v* tuvastama **~ive** • *n* detektiiv
deteriorate /dɪˈtɪəɹɪəɹeɪt/ • *v* halvenema, alla käima
determine /dɪˈtɜːmɪn, dɪˈtɜːmɪn/ • *v* piiritlema; selgitama, määrama
develop /dɪˈvɛ.ləp, ˈdɛv.ləp/ • *v* arenema, arendama
devil /ˈdɛvəl, ˈdɛvɪl/ • *n* kurivaim
diabetes /ˌdaɪəˈbiːtiːz/ • *n* suhkurtõbi
diagnosis /ˌdaɪəɡˈnəʊsɪs/ • *n* diagnoos
dialogue /ˈdaɪəlɒɡ, ˈdaɪəlɔːɡ/ • *n* dialoog, vestlus, kahekõne
diamond /ˈdaɪ(ə)mənd/ • *n* teemant; ruutu
diary /ˈdaɪəɹi/ • *n* päevik
dictator /dɪkˈteɪtə(ɹ), ˈdɪkteɪtəɹ/ • *n* diktaator **~ship** • *n* diktatuur
dictionary /ˈdɪkʃ(ə)n(ə)ɹi, ˈdɪkʃənɛɹi/ • *n* sõnaraamat, sõnastik
did *(sp)* ▷ DO
die /daɪ/ • *n* täring • *v* surema, koolema, kõngema, kärvama, hinge heitma, langema, lahkuma
differen|t /ˈdɪf.ɹənt/ • *adj* erinev; eriline **~ce** • *n* erinevus **~tiation** • *n* eristamine
difficult /ˈdɪfɪkəlt/ • *adj* keeruline
dignity /ˈdɪɡnɪti/ • *n* väärikus
dimension /daɪˈmɛnʃən, daɪˈmɛnʃn̩/ • *n* mõõde

diploma|t /ˈdɪ.plə.mæt/ • *n* diplomaat **~cy** • *n* diplomaatia **~tic** • *adj* diplomaatiline
direction /dəˈɹɛk.ʃən/ • *n* suund
dirty /ˈdɜːti, ˈdɜːti/ • *adj* räpane
disc *(British)* ▷ DISK
discount /ˈdɪsˌkaʊnt, ˈdɪskaʊnt/ • *n* hinnasoodustus
discrimination /dɪskɹɪmɪˈneɪʃən/ • *n* diskrimineerimine
discussion /dɪˈskʌʃən, dɪsˈkʊʃən/ • *n* arutlus, väitlus
disease /dɪˈziːz, dɪˈziz/ • *n* haigus, tõbi
dish /dɪʃ/ • *n* plaat, taldrik
disk /dɪsk/ • *n* ketas
displacement /dɪsˈpleɪsmənt/ • *n* ihe
display /dɪsˈpleɪ/ • *n* kuvar
distance /ˈdɪs.tɪns, ˈdɪs.təns/ • *n* kaugus
distinct /dɪsˈtɪŋkt/ • *adj* erinev; erisugune, eristatav
distribution /ˌdɪstɹəˈbjuːʃən/ • *n* jaotus; jaotis
divi|de /dɪˈvaɪd/ • *v* jagama **~dend** • *n* dividend **~sion** • *n* jagamine; diviis
divorce /dɪˈvɔːs, dɪˈvɔːɹs/ • *n* abielulahutus, lahutus
do /duː, du/ • *v* *(sp* did, *pp* done*)* tegema
doctrine /ˈdɒktɹɪn, ˈdɒktɹɪn/ • *n* doktriin
document /ˈdɒkjʊmənt, ˈdɑkjʊmənt/ • *n* dokument
documentary /ˌdɒk.jəˈmɛn.tɹi, ˌdɑːkjəˈmɛn.tɚ.i/ • *n* dokumentaalfilm, tõsielufilm, dokk

dog /dɒg, dɔg/ • *n* koer, peni
doll /dɒl, dɑl/ • *n* nukk
dollar /ˈdɒlə, ˈdɑlər/ • *n* dollar
dolphin /ˈdɒlfɪn, ˈdɑlfɪn/ • *n* delfiin
domain /dəʊˈmeɪn, doʊˈmeɪn/ • *n* määramispiirkond
donat|e /dəʊˈneɪt, ˈdoʊˌneɪt/ • *v* kinkima **~ion** • *n* annetamine
done *(pp)* ▷ DO
door /dɔː, dɔɹ/ • *n* uks
dose /dəʊs, doʊs/ • *n* annus
dot /dɒt, dɑt/ • *n* täpp; punkt
doubt /daʊt, dʌʊt/ • *n* kõhklus • *v* kõhklema
dough /dəʊ, doʊ/ • *n* taigen
dove /dʌv/ • *n* tuvi
download /ˈdaʊnˌləʊd, ˌdaʊnˈləʊd/ • *v* alla laadima, tõmbama
dozen /ˈdʌzn̩/ • *n* tosin
draft /drɑːft, dræft/ • *n* visand; süvis; tõmbetuul; lonks; sõjaväekohustus • *v* visandama; lähetama
dragon /ˈdrægən/ • *n* lohe, draakon, lohemadu, lendmadu **~fly** • *n* kiil
drank *(sp)* ▷ DRINK
draw /drɔː, drɔ/ • *n* viik; loos; suurveesäng • *v* (*sp* drew, *pp* drawn) tuletama; tõmbama; joonistama; loosima; viigistama; viiki mängima; vedama; ligi tõmbama **~ing** • *n* joonistus; joonistamine
drawer /drɔː(ɹ), drɔɹ/ • *n* sahtel
drawn *(pp)* ▷ DRAW
dream /driːm, drim/ • *n* unenägu • *v* (*sp* dreamt, *pp* dreamt) nähä und
dreamed *(sp/pp)* ▷ DREAM

dreamt *(sp/pp)* ▷ DREAM
dress /drɛs/ • *n* kleit
drew *(sp)* ▷ DRAW
drift /drɪft/ • *n* triiv
drill /drɪl/ • *n* trell, trellpuur • *v* drillima
drink /drɪŋk/ • *n* jook; drink; joomine, jooming • *v* (*sp* drank, *pp* drunk) jooma
drive /draɪv/ • *v* (*sp* drove, *pp* driven) juhtima; sõitma **~r** • *n* juht, autojuht
driven *(pp)* ▷ DRIVE
drought /draʊt/ • *n* põud
drove *(sp)* ▷ DRIVE
drug /drʌg/ • *n* uimasti, narkootikum
drum /ˈdrʌm/ • *n* trummel, trumm **~mer** • *n* trummar
drunk /drʌŋk/ • *adj* purjus • *n* joodik, alkohoolik, alkash • *(also)* ▷ DRINK
dry /draɪ/ • *adj* kuiv • *v* kuivama; kuivatama
Dublin • *n* Dublin
duck /dʌk/ • *n* part
dull /dʌl/ • *adj* tuhm; nõme
during /ˈdjʊərɪŋ, ˈdʊərɪŋ/ • *prep* jooksul; sees
dust /dʌst/ • *n* tolm
Dutch • *n* hollandi
duty /ˈdjuːti, ˈduːti/ • *n* kohustus; tollimaks

E

each /iːtʃ, itʃ/ • *det* kõik
eagle /ˈiːgəl/ • *n* kotkas
ear /ɪə, ɪɪ/ • *n* kõrv; koputaja; viljapea • *v* kündma
early /ˈɜli, ˈɜːli/ • *adj* varajane; vara
earth /ɜːθ, ɜθ/ • *n* maa; maapind; maandus • *v* maandama; matma **~quake** • *n* maavärin
east /iːst/ • *adv* idas • *n* ida, idakaar **~ern** • *adj* idamaine
easy /ˈiːzi, ˈizi/ • *adj* kerge, lihtne **~going** • *adj* muretu
eat /iːt, it/ • *v* (*sp* ate, *pp* eaten) sööma
eaten (*pp*) ▷ EAT
echo /ˈɛkəʊ, ˈekoʊ/ • *n* (*pl* echoes) kaja; Emma
ecology /ɛˈkɒlədʒi, iˈkɑːlədʒi/ • *n* ökoloogia
econom|y /iˈkɒn.ə.mi, iˈkɑːn.ə.mi/ • *n* majandus **~ics** • *n* majandusteadus **~ist** • *n* majandusteadlane
ecosystem /ˈiːkəʊˌsɪstəm, ˈikoʊˌsɪstəm/ • *n* ökosüsteem
Ecuador • *n* Ecuador
edge /ɛdʒ/ • *n* äär
Edinburgh • *n* Edinburgh
edit /ˈɛdɪt/ • *n* parandus • *v* toimetama
education /ˌɛdʒuˈkeɪʃn̩/ • *n* haridus
eel /iːl/ • *n* angerjas, angerjalised
effect /ɪˈfɛkt, əˈfɛkt/ • *n* mõju, toime, tagajärg
egg /ɛg, eɪg/ • *n* muna; munarakk
Egypt • *n* Egiptus **~ian** • *adj* egiptuse • *n* egiptlane

eight /eɪt/ • *num* kaheksa **~een** • *num* kaheksateist **~h** • *adj* katsas **~y** • *num* kaheksakümmend
either /ˈaɪð.ə(ɹ), aɪ/ • *adv* samuti • *conj* kas • *det* mõlemad
El Salvador • *n* El Salvador, Salvador
elaborate /ɪˈlæbəɹət, ɪˈlæbəɹeɪt/ • *adj* üksikasjalik, detailne; rikkalik • *v* välja töötama, viimistlema
elbow /ˈɛl.bəʊ, ˈɛl.boʊ/ • *n* küünarnukk
election /ɪˈlɛkʃ(ə)n/ • *n* valimine, valimised
electricity /iːlɛkˈtɹɪsɪti, əˌlɛkˈtɹɪsɪti/ • *n* elekter; vool, elektrivool
electronics • *n* elektroonika
element /ˈɛl.ɪ.mənt/ • *n* element
elephant /ˈɛləfənt/ • *n* elevant
elevate /ˈɛləveɪt/ • *v* tõstma
eleven /ɪˈlɛv.ən/ • *num* üksteist
email /ˈiːmeɪl/ • *n* e-mail, e-kiri, e-post, meil
embarrassing • *adj* piinlik
embassy /ˈɛmbəsi/ • *n* suursaatkond, saatkond
emotion /ɪˈmoʊʃən, ɪˈməʊʃən/ • *n* emotsioon
emperor /ˈɛmpəɹə, ˈɛmpəɹɚ/ • *n* keiser, imperaator
empire /ˈɛmpaɪə, ˈɛmˌpaɪɹ/ • *n* impeerium; keisririik
employer • *n* tööandja
empower • *v* väestama, võimestama
empty /ˈɛmpti/ • *adj* tühi
enable /ɪˈneɪbəl/ • *v* aktiveerima, sisse lülitama

enclose /ənˈkloʊz, ɪnˈkləʊz/ • v ümbritsema

encounter /ɪnˈkaʊntɚ, ɪnˈkaʊntə/ • n kohtumine

encourage /ɪnˈkʌrɪdʒ, ɪnˈkɜːrɪdʒ/ • v õhutama; julgustama

end /end/ • n lõpp • v lõppema; lõpetama

enemy /ˈenəmi/ • n vaenlane

energy /ˈenədʒi, ˈenɚdʒi/ • n energia

engine /ˈendʒɪn/ • n mootor **~er** • n insener

English • adj inglise • n inglane f, inglanna f • n inglise keel

enjoy /ɪnˈdʒɔɪ, enˈdʒɔɪ/ • v nautima

enter /ˈentə(r), ˈentɚ/ • v sisenema; sisestama

enterprise /ˈentɚˌpraɪz/ • n ettevõte

entertain /ˌentəˈteɪn, ˌentɚˈteɪn/ • v lõbustama **~ing** • adj meelelahutuslik **~ment** • n meelelahutus

entirety /ɪnˈtaɪ.ə.ɹɪ.ti, ɪnˈtaɪ.ə.ɹɪti/ • n täielikkus, tervik

entrance /ˈen.trəns/ • n sissepääs

entrepreneur /ˌɒn.trə.prəˈnɜː, ˌɑn.t(ʃ)ɹə.prəˈnʊɚ/ • n ettevõtja

entry /ˈentri, ˈentri/ • n element

envelope /ˈen.və.ləʊp, ˈen.vəˌloʊp/ • n ümbrik; mähisjoon

envy /ˈenvi/ • n kadedus

epidemic /ˌepɪˈdemɪk/ • n epideemia

equality /ɪˈkwɑl.ɪ.ti, ɪˈkwɒl.ɪ.ti/ • n võrdsus, samaväärsus

equation /ɪˈkweɪʒən/ • n võrrand

equipment /ɪˈkwɪpmənt/ • n varustus

equivalence /ɪˈkwɪvələns/ • n samasus

era /ˈɪə.ə, ˈɛr.ə/ • n ajastu

erection /ɪˈrekʃən/ • n erektsioon

Eritrea • n Eritrea

error /ˈɛrə(r), ˈɛrɚ/ • n viga

escalator /ˈes.kə.leɪ.tə, ˈes.kə.leɪ.tɚ/ • n eskalaator

especially /ɪˈspeʃ(ə)li, ekˈspeʃ(ə)li/ • adv eriliselt, eriti

essen|ce /ˈesəns/ • n olemus **~tial** • adj vajalik; oluline

estimate /ˈestɪmɪt, ˈestɪˌmeɪt/ • n hinnang

Estonia • n Eesti, Eestimaa **~n** • adj eesti, Eesti • n eestlane f, eestlanna f, eestimaalane; eesti, eesti keel

eternity /ɪˈtɜː.nə.ti, ɪˈtʃnɪti/ • n igavik

ethics /ˈɛθ.ɪks/ • n eetika

Ethiopia • n Etioopia

EU (abbr) ▷ EUROPEAN UNION

euro /ˈjʊərəʊ, ˈjʊroʊ/ • n euro, eur, eurts

Europe • n Euroopa **~an** • adj euroopa • n eurooplane

European Union • n Euroopa Liit

evaluate /iˈvaljʊeɪt, ɪˈvaljəˌweɪt/ • v hindama

even /ˈiːvən, ˈivən/ • adv isegi

evening /ˈiːvnɪŋ, ˈivnɪŋ/ • n õhtu

event /ɪˈvent/ • n sündmus, seik

ever /ˈɛvə, ˈɛvɚ/ • adv kunagi

every /ˈɛv.(ə.)ri/ • det kõik **~body** • pron igaüks **~thing** • pron kõik

evil /ˈiːvɪl, ˈivəl/ • adj paha, kuri

evolution /ˌiːvəˈluːʃ(ə)n, ˌɛvəˈluʃ(ə)n/ • *n* evolutsioon ~**ary** • *adj* evolutsiooniline
evolve • *v* arenema
exact /ɪɡˈzækt/ • *adj* täpne ~**ly** • *adv* täpselt
exaggeration • *n* liialdus
exam ▷ EXAMINATION
examination /ɪɡˌzæmɪˈneɪʃən/ • *n* eksam
example /ɪɡˈzɑːmpl, əɡˈzæːmpʊl/ • *n* näide **for ~** • *phr* näiteks
exception /əkˈsɛpʃən/ • *n* erand
excited /ɪkˈsaɪtɪd/ • *adj* elev
execute /ˈɛksɪˌkjuːt/ • *v* hukama
exercise /ˈɛk.sə.saɪz, ˈɛk.sɚ.saɪz/ • *n* harjutus • *v* õppus
exhibition /ɛksɪˈbɪʃən/ • *n* näitus
exist /ɪɡˈzɪst/ • *v* eksisteerima, olemas olema, olelema ~**ence** • *n* olemasolu
exit /ˈɛɡzɪt/ • *n* väljapääs; väljumine, lahkumine • *v* väljuma; lahkuma
expectation /ˌɛkspɛkˈteɪʃən/ • *n* ootus
expensive /ɪkˈspɛnsɪv/ • *adj* kallis
experience /ɪkˈspɪɹ.i.əns, ɪkˈspɪɹə.ɹɪəns/ • *n* kogemus
expert /ˈɛkspɚt/ • *n* asjatundja, ekspert
explosion /ɪkˈsploʊ.ʒən, ɛkˈsploʊ.ʒən/ • *n* plahvatus
export /ˈɛks.pɔːt, ˈɛks.pɔɹt/ • *v* viima; eksportima
express /ɛkˈspɹɛs/ • *v* väljendama ~**ion** • *n* sõnastus; ütlus; ilme; avaldis; ekspressioon, avaldumine
extend /ɛkˈstɛnd/ • *v* pikendama

extra /ˈɛkstɹə/ • *adj* liigne; lisa-
extraordinary /ɪksˈtɹɔː(ɹ)dɪˌnɛɹi/ • *adj* erakordne
eye /aɪ/ • *n* silm ~**brow** • *n* kulmud ~**lash** • *n* ripsmed ~**lid** • *n* silmalaug ~**sight** • *n* nägemine

F

fabric /ˈfæb.ɹɪk/ • *n* riie, kangas
face /feɪs/ • *n* nägu
fact /fækt/ • *n* fakt; tõsiasi
factor /ˈfæktə, ˈfæktɚ/ • *n* tegur
factorial /fækˈtɔːɹi.əl/ • *n* faktoriaal
factory /ˈfæktəɹi/ • *n* tehas, vabrik
fail /feɪl/ • *v* edutu; nurjuma; seiskuma ~**ure** • *n* ebaõnnestumine
faint /feɪnt/ • *v* minestama
falcon /ˈfɔː(l)kən, ˈfælkən/ • *n* pistrik
fall /fɔːl, fɒl/ • *n* kukkumine • *v* (*sp* fell, *pp* fallen) kukkuma, langema
fallen (*pp*) ▷ FALL
fame /feɪm/ • *n* kuulsus
family /ˈfæm(ɪ)li, ˈfæm(ə)li/ • *n* pere, perekond
famine /ˈfæmɪn/ • *n* näljahäda
fan /fæn/ • *n* lehvik; ventilaator; fänn
fantastic /fænˈtæstɪk/ • *adj* fantastiline

FAQ • *n* (*abbr* Frequently Asked Questions) KKK
fare /feə(r), feər/ • *n* sõitja
farm /fɑːrm, fɑːm/ • *n* talu, farm
fashion /ˈfæʃən/ • *n* mood; stiil, komme
fat /fæt/ • *n* rasv
fate /feɪt/ • *n* saatus
father /ˈfɑːðə(r), ˈfɑːðər/ • *n* isa **~-in-law** • *n* äi
fatigue /fəˈtiːɡ/ • *n* väsimus
fear /fɪə, fɪər/ • *n* hirm, kartus • *v* kartma
feather /ˈfɛð.ə(r), ˈfɛð.ər/ • *n* sulg
February • *n* veebruar
feel /fiːl/ • *v* (*sp* felt, *pp* felt) tundma **~ing** • *n* tunne; meeleolu
feet (*pl*) ▷ FOOT
fell (*sp*) ▷ FALL
fellow /ˈfelәʊ, ˈfelоʊ/ • *n* kolleeg, kutsekaaslane; kaaslane, kompanjon, seltsimees
felt (*sp*/*pp*) ▷ FEEL
female /ˈfiː.meɪl/ • *n* emane
feminism /ˈfɛmɪnɪz(ə)m/ • *n* feminism
fence /fɛns/ • *n* tara
festival /ˈfɛstəvəl/ • *n* pidustused, festival
fever /ˈfiːvə, ˈfiːvər/ • *n* palavik
few /fjuː, fjuː/ • *det* vähe, vähesed
fibre /ˈfaɪ.bə(r)/ • *n* kiud
field /fiːld, fild/ • *n* lahter; väli, põld, nurm; ala, valdkond, tegevusväli, tegevusala; korpus; väljak, spordiväljak, mänguväljak; maardla, leiukoht

fift|een /fɪfˈtiːn, fɪfˈtiːn/ • *num* viisteist **~h** • *adj* viies **~y** • *num* viiskümmend
fight /faɪt/ • *v* (*sp* fought, *pp* fought) kaklema, võitlema; sõdima **~er** • *n* võitleja; hävitaja
Fiji • *n* Fidži
file /faɪl/ • *n* kolonn; liin; viil; toimik; fail, säilik • *v* viilima; esitama; arhiivima; salvestama
filmmaker • *n* filmitegija
filter /ˈfɪltə, ˈfɪltər/ • *n* filter
filth /fɪlθ/ • *n* mustus
finally /ˈfaɪ.nəl.i, ˈfaɪ.nl̩.i/ • *adv* lõpuks; lõpuuks
finch /fɪntʃ/ • *n* vint
find /faɪnd/ • *v* (*sp* found, *pp* found) leidma
finger /ˈfɪŋɡə, ˈfɪŋɡə/ • *n* sõrm, näpp **~nail** • *n* küüs
finish /ˈfɪnɪʃ/ • *v* lõpetama
Fin|land • *n* Soome **~nish** • *adj* soome; soomekeelne, soome keelt rääkiv • *n* soome keel
fire /ˈfaɪ.ə(r), ˈfaɪ.ə(r)/ • *n* tuli **~arm** • *n* tulirelv **~fighter** • *n* tuletõrjuja **~work** • *n* ilutulestik, tulevärk
firm /fɜːm, fɜːm/ • *adj* kindel; veendunud **~ly** • *adv* kindlalt
first /fɜːst, fɜːst/ • *adj* esimene
fish /fɪʃ, fəʃ/ • *n* (*pl* fish) kala **~erman** • *n* kalamees **~ing** • *n* kalapüük, kalastamine
fist /fɪst/ • *n* rusikas
five /faɪv, fäːv/ • *num* viis
flag /flæɡ, fleɪɡ/ • *n* lipp, lipuke
flame /fleɪm/ • *n* leek; leim
flat /flæt/ • *adj* lame, lapik; tühi

flawless /ˈflɔː.ləs, ˈflɑː.ləs/ • *adj* veatu
flea /fliː/ • *n* kirp
fled *(sp/pp)* ▷ FLEE
flee /fliː/ • *v* (*sp* fled, *pp* fled) põgenema
fleet /fliːt/ • *n* laevastik
flew *(sp)* ▷ FLY
flexible /ˈflɛk.sɪ.bəl/ • *adj* paindlik
flood /flʌd/ • *n* üleujutus, veetulv
floor /flɔː, flɔɹ/ • *n* põrand; vahelagi; sõna; täisosa
flour /ˈflaʊə, ˈflaʊɚ/ • *n* jahu
flow /fləʊ, floʊ/ • *n* vool; tõus; sujuvus, ladusus
flower • *n* õis; lill
flown *(pp)* ▷ FLY
flu /fluː, fluː/ • *n* gripp
fly /flaɪ/ • *n* kärbes, kärbest • *v* (*sp* flew, *pp* flown) lendama
focus /ˈfəʊ.kəs, ˈfoʊ.kəs/ • *n* (*pl* foci) fookus; keskendus; epitsenter
fog /fɒg, fɑg/ • *n* udu
follow /ˈfɒləʊ, ˈfɑloʊ/ • *v* jälitama; järgnema; järgima; aru saama; tulenema
fond /fɒnd, fɑnd/ • *v* kalliks pidama, armastama, üle uhke olema
food /fuːd, fud/ • *n* toit
fool /fuːl/ • *n* loll, narr, tobu, tola
foolish /ˈfuː.lɪʃ/ • *adj* rumal, narr
foot /fʊt/ • *n* (*pl* feet) jalg, jäse, koib; jalam • *v* lööma; kinni maksma **~age** • *n* filmimaterjal **~ball** • *n* jalgpall **on ~** • *phr* jala
forbad *(sp)* ▷ FORBID
forbade *(sp)* ▷ FORBID

forbid /fə(ɹ)ˈbɪd/ • *v* (*sp* forbad, *pp* forbid) keelama, keelustama
forbidden *(pp)* ▷ FORBID
forehead /ˈfɒɹɪd, ˈfɔɹɛd/ • *n* laup
foreign /ˈfɒɹɪn, ˈfɔɹen/ • *adj* võõra **~er** • *n* välismaalane
forest /ˈfɒɹɪst, ˈfɔɹɪst/ • *n* mets
forget /fəˈgɛt, fəɹˈgɛt/ • *v* (*sp* forgot, *pp* forgotten) unustama
forgive /fə(ɹ)ˈgɪv, fəɹˈgɪv/ • *v* andestama, andeks andma
forgot *(sp)* ▷ FORGET
forgotten *(pp)* ▷ FORGET
fork /fɔːk/ • *n* hang, hark; kahvel; lahk, teelahk; jõelahk
form /fɔːm, fɔɹm/ • *n* formular
formula /ˈfɔː.mjʊ.lə, ˈfɔɹ.mjə.lə/ • *n* valem
forsake /fɔɹˈseɪk/ • *v* (*sp* forsook, *pp* forsaken) hülgama
forsaken *(pp)* ▷ FORSAKE
forsook *(sp)* ▷ FORSAKE
forty /ˈfɔɹti/ • *num* nelikümmend
forum /ˈfɔːɹəm/ • *n* foorum
fought *(sp/pp)* ▷ FIGHT
founder /ˈfaʊndəɹ/ • *n* asutaja
four /fɔː, fo(ː)ɹ/ • *num* neli **~teen** • *num* neliteist **~th** • *adj* neljas
fox /fɒks, fɑks/ • *n* rebane
fraction /ˈfræk.ʃən/ • *n* murdosa; segaarv
fragile /ˈfrædʒaɪl, ˈfrædʒəl/ • *adj* habras
frame /fɹeɪm/ • *v* raam
France • *n* Prantsusmaa
franchise /ˈfɹænʧaɪz/ • *n* frantsiis
fraud /fɹɔːd, fɹɑd/ • *n* kelmus

free /fɹiː/ • *adj* vaba, prii; piiramatu, takistamatu • *v* vabastama, vabaks laskma ~**dom** • *n* vabadus

French /fɹɛntʃ/ • *adj* prantsuse • *n* prantsuse keel; prantslased

frequently /ˈfɹiːkwənt.li/ • *adv* sageli, sagedasti

fresh /fɹɛʃ/ • *adj* värske

Friday • *n* reede

fridge ▷ REFRIGERATOR

friend /fɹɛnd, fɹɪnd/ • *n* sõber • *v* sõbrunema ~**ly** • *adj* sõbralik • *adv* sõbralikult ~**ship** • *n* sõprus

frog /fɹɒg, fɹɑg/ • *n* konn

front /fɹʌnt/ • *n* rinne

frown /fɹaʊn/ • *v* kulmu kortsutama, kulme kortsutama

fruit /fɹuːt, fɹʊt/ • *n* puuvili

fuck /fʌk, fʊk/ • *interj* türa!, türaa!, persse!, outsi, vittu!, fakk!, kurat! • *n* nuss, kepp • *v* nikkuma, nussima, keppima, panema, trukkima ~**ing** • *adj* kuradima

fuel /fjuːl/ • *n* kütus

funny /ˈfʌni, ˈfʊnɪ/ • *adj* naljakas

function /ˈfʌŋ(k)ʃən, ˈfʌŋkʃən/ • *n* funktsioon

fund /fʌnd/ • *v* rahastama

fundamental • *adj* põhi-

funeral /ˈfjuːnəɹəl, ˈfjunəɹəl/ • *n* matus, matused

fur /fɜː(ɹ), fɚ/ • *n* karvastik

furniture /ˈfɜːnɪtʃə, ˈfɜnɪtʃɚ/ • *n* mööbel

future /ˈfjuːtʃə, ˈfjuːtʃɚ/ • *n* tulevik **in the ~** • *phr* tulevikus

G

Gabon • *n* Gabon

galaxy /ˈgaləksi, ˈgæləksi/ • *n* galaktika

gallery /ˈgæləɹi/ • *n* galerii

Gambia • *n* Gambia

gambl|e /ˈgæm.bəl/ • *n* õnnemäng ~**ing** • *n* mängurlus

game /geɪm/ • *n* mäng; jahiuluk, jahiloom

gangster /ˈgæŋstə/ • *n* gangster

gap /gæp/ • *n* pragu; lõhe

garage /ˈgæɹɑː(d)ʒ, ˈgæɹɪdʒ/ • *n* garaaž

garbage /ˈgɑːbɪdʒ, ˈgɑːbɪdʒ/ • *n* jäätmed, rämps

garden /ˈgɑːdn̩, ˈgɑːdn/ • *n* aed; park; juurviljaaed ~**er** • *n* aednik

garlic /ˈgɑːlɪk, ˈgɑːlɪk/ • *n* küüslauk

gas /gæs/ • *n* gaas

gasoline /ˈgæs.ə.lin/ • *n* bensiin, kütus, bents, bena

gate /geɪt/ • *n* värav

gather /ˈgæðɚ, ˈgæðə/ • *v* kogunema, koguma

gave *(sp)* ▷ GIVE

gay /geɪ/ • *adj* lustlik; gei, homoseksuaalne, homoseksuaal • *n* homo

geese *(pl)* ▷ GOOSE

gender /ˈdʒɛndə, ˈdʒɛndɚ/ • *n* sugu

gene /dʒiːn/ • *n* geen

general /ˈdʒenɹəl, ˈdʒenərəl/ • *adj* üldine • *n* kindral

generation /ˌdʒenəˈreɪʃən/ • *n* põlvkond

genius /ˈdʒin.jəs, ˈdʒiː.nıəs/ • *n* geenius; geniaalsus

genocide /ˈdʒenəsaɪd/ • *n* genotsiid

genre /(d)ʒɑnɹə, (d)ʒɒnɹə/ • *n* žanr

gentleman /ˈdʒen.təl.mən, ˈdʒeɪ̃.əl.mən/ • *n* härra

geograph|y /dʒiˈɒgɹəfi, dʒiˈɑgɹəfi/ • *n* geograafia **~ic** • *adj* geograafiline, maateaduslik

geometry /dʒiˈɑmətɹi, dʒiːˈɒmıtɹi/ • *n* geomeetria

Georgia • *n* Gruusia, Georgia

gerbil /ˈdʒɜːbl̩, ˈdʒɜːbl̩/ • *n* liivahiir

German • *adj* saksa • *n* sakslane; saksa **~y** • *n* Saksamaa

Ghana • *n* Ghana

ghost /gəʊst, goʊst/ • *n* fantoom, kummitus **~ly** • *adj* tontlik

giant /ˈdʒaɪ.ənt/ • *n* hiiglane; gigant

gift /gɪft/ • *n* and • *v* kinkima **~ed** • *adj* andekas

giraffe /dʒɪˈɹɑːf, dʒəˈɹæf/ • *n* kaelkirjak

girl /gɜːl, gɜ̃l/ • *n* tüdruk, plika

give /gɪv/ • *v* (*sp* gave, *pp* given) andma

given (*pp*) ▷ GIVE

glance /glɑːns, glæns/ • *n* pilk • *v* pilku heitma

glass /glɑːs, glæs/ • *n* klaas

glasses ▷ SPECTACLES

global /ˈgləʊbəl, ˈgloʊbəl/ • *adj* ülemaailmne, globaalne

glob|e /gləʊb, gloʊb/ • *n* gloobus **~al** • *adj* ülemaailmne, globaalne

glove /glʌv/ • *n* sõrmik

glue /gluː/ • *n* liim

go /gəʊ, goʊ/ • *n* go • *v* (*sp* went, *pp* gone) minema **~ ahead** • *v* edasi minema **~ out** • *v* välja minema, väljas käima, väljuma

goal /gəʊl, goʊl/ • *n* eesmärk; värav

goat /gəʊt, goʊt/ • *n* kits

God /gɒd, gɑd/ • *n* jumal

god /gɒd, gɑd/ • *n* jumal

gold /gəʊld, goʊld/ • *adj* kuldne, kullast

golf /gɒlf, gɑlf/ • *n* golf; Gustav

gone (*pp*) ▷ GO

good /gʊd, gʊ(d)/ • *adj* hea **~ afternoon** • *phr* tere päevast **~ evening** • *n* tere õhtust, õhtust **~ morning** • *interj* tere hommikust **~bye** • *interj* head aega, nägemist, nägemiseni **~s** • *n* kaup

goose /guːs/ • *n* (*pl* geese) hani

govern|ment /ˈgʌvə(n)mənt, ˈgʌvɚ(n)mənt/ • *n* valitsus **~or** • *n* valitsejer, kuberner

graceful /ˈgɹeɪsfʊl/ • *adj* graatsiline, solge

grade /gɹeɪd/ • *n* hinne

grand|son /ˈgɹæn(d)sʌn/ • *n* pojapoeg, tütrepoeg **~daughter** • *n* pojatütar, tütretütar **~father** • *n* vanaisa **~mother** • *n* vanaema

grape /gɹeɪp/ • *n* viinamari **~fruit** • *n* greip, greipfruut, greibipuu

grass /gɪɑːs, gɪæs/ • *n* muru, rohi; muruplats **~hopper** • *n* rohutirts
grateful /ˈgɪeɪtfəl/ • *adj* tänulik
grave /gɪeɪv/ • *n* haud **~yard** • *n* surnuaed, kalmistu
gravity /ˈgɪævɪti/ • *n* gravitatsioon
gray /gɪeɪ/ • *adj* hall • *n* hall • *v* halliks minema
Gree|ce • *n* Kreeka **~k** • *adj* kreeka • *n* kreeklane; kreeka
greed /gɪiːd/ • *n* ahnus, aplus **~y** • *adj* ahne
green /gɪiːn, gɪɪn/ • *adj* roheline; kogenematu, kollanokk • *n* roheline
Grenada • *n* Grenada
grid /gɪɪd/ • *n* ruudustik
grief /gɪiːf/ • *n* lein
group /gɪuːp/ • *n* rühm, grupp • *v* rühmitama, grupeerima
grubby /gɪʌbi/ • *adj* kasimatu
guarantee /ˌgærənˈtiː/ • *n* tagatis • *v* tagama
guard /gɑːd, gɑɪd/ • *n* valvur
Guatemala • *n* Guatemala
guerrilla /gəˈɪɪlə/ • *n* partisan, siss; sissisõda, partisanisõda
guest /gest/ • *n* külaline
guide /gaɪd/ • *v* juhatama, suunama
guilt /gɪlt/ • *n* süü
Guinea • *n* Guinea
guinea pig /ˈgɪni pɪg/ • *n* merisiga
guitar /gɪˈtɑː(ɪ), gɪˈtɑɪ/ • *n* kitarr
gunpowder /ˈgʌnˌpaʊdə, ˈgʌnˌpaʊdəɪ/ • *n* püssirohi
guy /gaɪ/ • *n* kutt, tüüp
Guyana • *n* Guyana

H

habit /ˈhæbɪt, ˈhæbət/ • *n* harjumus
hail /heɪl/ • *n* rahe
hair /hɛə/ • *n* juuksed **~y** • *adj* karvane **~dresser** • *n* juuksur
Haiti • *n* Haiti
half /hɑːf, hæf/ • *adj* pool; pool- • *adv* pool
hallucination /həˌluːsɪˈneɪʃən/ • *n* hallutsinatsioon
halves *(pl)* ▷ HALF
hamster /ˈhæm(p)stə/ • *n* hamster
hand /hænd/ • *n* käsi
hangover /ˈhæŋoʊvə, ˈhæŋəʊvə/ • *n* pohmell, pohmelus, pohmakas, pohm
happen /ˈhæpən/ • *v* juhtuma, toimuma
happ|y /ˈhæpiː, ˈhæpi/ • *adj* õnnelik **~iness** • *n* õnn
harbor /ˈhɑɪbə, ˈhɑːbə/ • *n* sadam
hard /hɑːd, hɑɪd/ • *adj* tahke
hare /hɛə/ • *n* jänes
harmonica /hɑɪˈmɒ.nɪ.kə, hɑɪˈmɑ.nɪ.kə/ • *n* suupill
hat /hæt/ • *n* müts
hat|e /heɪt/ • *v* vihkama **~red** • *n* viha
have to /ˈhæv.tuː, ˈhæf.tu/ • *v* pidama
hawk /hɔːk, hɔk/ • *n* haugas
hay /heɪ/ • *n* hein • *v* heina tegema
he /ˈhiː, hi/ • *det* tema, ta, too

head /hɛd/ • *n* pea **~ache** • *n* peavalu **~line** • *n* pealkiri **~phones** • *n* kõrvaklapid
health /hɛlθ/ • *n* tervis **~ care** • *n* tervishoid
hear /hɪə(r), hɪr/ • *v* (*sp* heard, *pp* heard) kuulma
heard (*sp/pp*) ▷ HEAR
heart /hɑːt, hɑɹt/ • *n* süda
heaven /ˈhɛvən/ • *n* taevas; paradiis
heavy /ˈhɛ.vi, ˈhɛ.vi/ • *adj* raske
hedgehog /ˈhɛdʒhɒg/ • *n* siil
heel /hiːl/ • *n* kand, konts
height /haɪt/ • *n* kõrgus
held (*sp/pp*) ▷ HOLD
helicopter /ˈhɛlɪˌkɒptə(r), ˈhɛl.ɪˌkɑp.tə(r)/ • *n* helikopter
hell /hɛl/ • *n* põrgu
hello /həˈləʊ, hɛˈloʊ/ • *interj* tere, hei; hallo, halloo; halloo?; halloo!, tere hommikust!, tere tali!
helmet /ˈhɛlmɪt/ • *n* kiiver
help /hɛlp/ • *interj* appi • *n* abiline; koduabiline; abi • *v* panustama; abistama; aitama
Helsinki • *n* Helsingi
herbal /ˈhɜːbəl, ˈɜːbəl/ • *adj* taimne, ravim-
here /hɪə(r), hɪr/ • *adv* siin; kohal
hero /ˈhɪɹoʊ, ˈhɪəɹəʊ/ • *n* (*pl* heroes) kangelane, sangar, heeros, kangelased; eeskuju **~in** • *n* heroiin **~ine** • *n* kangelanna
hey /heɪ/ • *interj* hei; ohoh, ohoo
hi /haɪ/ • *interj* hei, tere, tervist
hidden /ˈhɪd(ə)n/ • *adj* peidetud
hierarchy /ˈhaɪ.ə.ɹɑː(ː)ki/ • *n* hierarhia

high /haɪ/ • *adj* kõrge **~way** • *n* maantee, kiirtee
hike /haɪk/ • *n* jalgsimatk; hinnatõus
hill /hɪl/ • *n* mägi, küngas
his /hɪz, həz/ • *det* tema, ta
histor|y /ˈhɪst(ə)ɹi/ • *n* ajalugu; haiguslugu **~ic** • *adj* ajaloolise **~ical** • *adj* ajaloolise **~ian** • *n* ajaloolane
hobby /ˈhɒ.bi, ˈhɑ.bi/ • *n* harrastus
hockey /ˈhɒki/ • *n* hoki
hog /hɒg, hɑg/ • *n* sigalane
hold /həʊld, hoʊld/ • *v* (*sp* held, *pp* held) hoidma, pidama
hole /həʊl, hoʊl/ • *n* auk
holiday /ˈhɒlɪdeɪ, ˈhɑləˌdeɪ/ • *n* püha
hollow /ˈhɒl.əʊ, ˈhɑ.loʊ/ • *adj* õõnes
holy /ˈhəʊli, ˈhoʊli/ • *adj* puhä
home /(h)əʊm, hoʊm/ • *n* kodu; kodumaa, isamaa; sünnikodu **~land** • *n* kodumaa **~made** • *adj* kodus valmistatud, omatehtud, kodukootud
Honduras • *n* Honduras
honest /ˈɒnɪst, ˈɔːnɪst/ • *adj* aus
honey /ˈhʌni/ • *n* mesi; kallis **~moon** • *n* mesinädalad; pulmareis
honor /ˈɑːnɚ, ˈɒ.nə/ • *n* au
honour (*British*) ▷ HONOR
hoof /hʊf/ • *n* (*pl* hooves) kabi
hook /hʊk, huːk/ • *n* konks
hooves (*pl*) ▷ HOOF
hope /həʊp, hoʊp/ • *n* lootus • *v* lootma

horizon /hə'ɹaɪzən/ • *n* silmapiir, horisont **~tal** • *adj* horisontaalne

horn /hɔːn, hɔɹn/ • *n* sarv

horror /'hɔɹɚ, 'haɹɚ/ • *n* õudus **~ movie** • *n* õudusfilm

horse /hɔːs, hɔɹs/ • *n* hobune, hobu; ratsu

hospital /'hɒs.pɪ.tl̩, 'ɒs.pɪ.tl̩/ • *n* haigla

hostage /'hɒstɪdʒ/ • *n* pantvang

hot /hɒt, hɑt/ • *adj* kuum; vürtsikas

hotel /həʊ'tɛl, hoʊ'tɛl/ • *n* otell; Harald

hour /'aʊə(ɹ), 'aʊɚ/ • *n* tund

house /haʊs, hʌʊs/ • *n* maja, hoone, elamu

how /haʊ, hæð/ • *adv* kuidas

hug /hʌɡ/ • *n* kalli, kallistus • *v* embama

human /'(h)juːmən, '(h)jumən/ • *adj* inim-, inimese; inimlik **~e** • *adj* inimlik **~ity** • *n* inimkond; inimsus; inimlikkus, humaansus

humble /'hʌmbəl, 'ʌmbəl/ • *adj* alandlik, tagasihoidlik

humour /hjuː.mə(ɹ), 'hjuːmɚ/ • *n* huumor

hundred /'hʌndɹəd, 'hʌndɚd/ • *n* kihelkond • *num* sada

Hungar|y • *n* Ungari **~ian** • *adj* ungari • *n* ungari keel

hunger /'hʌŋɡɚ, 'hʌŋɡə/ • *n* nälg

hungry /'hʌŋ.ɡɹi/ • *adj* näljane; ihkav

hunt /hʌnt/ • *n* jaht • *v* jahtima, küttima; otsima **~er** • *n* kütt, jahimees

hurricane /'hʌɹɪkən, 'hʌɹɪˌkeɪn/ • *n* orkaan

husband /'hʌzbənd/ • *n* mees, abikaasa

hydrogen /'haɪdɹədʒ(ə)n, 'haɪdɹədʒən/ • *n* vesinik

hyena /haɪ'iːnə/ • *n* hüään

I • *pron* mina, ma

ice /aɪs, ʌɪs/ • *n* jää • *v* jahutama; glasuurima **~ cream** • *n* jäätis

Iceland • *n* Island

icon /'aɪ.kən, 'aɪ.kɑːn/ • *n* ikoon

idea /aɪ'dɪə, aɪ'di.ə/ • *n* mõte; arvamus; kavatsus; aimdus

identification • *n* tuvastus

ideology /aɪ.di.'ɑl.ə.dʒi/ • *n* ideoloogia

idiot /'ɪd.i.(j)ɪt/ • *n* idioot

if /ɪf/ • *conj* kui • *n* oletus

ignorance /'ɪɡnəɹəns/ • *n* teadmatus, asjatundmatus, võhiklikkus, ignorantsus

ill /ɪl/ • *adj* haige **~ness** • *n* haigus

illegal /ɪ'liːɡəl, ɪ'li.ɡəl/ • *adj* ebaseaduslik

illusion /ɪ'l(j)uːʒ(ə)n, ɪ'l(j)uːzj(ə)n/ • *n* näiline; võlutrikk, illusioon

illustration • *n* joonis

imagination /ɪˌmædʒə'neɪʃən/ • *n* ettekujutus

immigra|nt /ˈɪmɪɡrənt/ • *n* immigrant, sisserändaja ~**tion** • *n* immigratsioon, ränne

impartial /ɪmˈpɑːɹʃəl/ • *adj* erapooletu

impersonal /ɪmˈpɜsənəl/ • *adj* umbisikuline

implement /ˈɪmpləmənt/ • *n* riist • *v* teostama

import /ˈɪm.pɔːt, ˈɪm.pɔːt/ • *v* importima, tooma

importan|t /ɪmˈpɔːtənt, ɪmˈpɔːtənt/ • *adj* tähtis, oluline ~**ce** • *n* tähtsus

impossible /ɪmˈpɒsɪbəl/ • *adj* võimatu

in /ɪn, ən/ • *prep* sees, -s

inch /ɪntʃ/ • *n* toll

incident /ˈɪn.sɪ.dənt/ • *n* vahejuhtum

increase /ɪnˈkɹiːs, ˈɪnkɹiːs/ • *v* kasvama

independen|t /ˌɪndɪˈpɛndənt/ • *adj* sõltumatu ~**ce** • *n* iseseisvus; sõltumatus

India • *n* India ~**n** • *adj* india; indiaani • *n* indialane; indiaanlane

indicat|ive /ɪnˈdɪk.ə.tɪv/ • *adj* kindel ~**or** • *n* indikaator, näitaja

indigenous /ɪnˈdɪdʒɪnəs, ɪnˈdɪdʒənəs/ • *adj* pärismaine

individual /ˌɪndɪˈvɪdʒu.əl, ˌɪndɪˈvɪdʒʊəl/ • *n* indiviid

Indonesia • *n* Indoneesia

industry /ˈɪndəstɹi/ • *n* valdkond, majandusharu; tööstus

inevitable /ɪnˈevɪtəbəl/ • *adj* vältimatu

infantry /ˈɪnfəntɹi/ • *n* jalavägi

infection /ɪnˈfɛkʃən/ • *n* nakkus

inflation /ɪnˈfleɪʃən/ • *n* inflatsioon

information /ˌɪnfəˈmeɪʃən, ˌɪnfəɹˈmeɪʃən/ • *n* informatsioon, teave

infrastructure /ˈɪnfɹəˌstɹʌk(t)ʃɚ/ • *n* taristu, infrastruktuur

ingredient /ɪnˈɡɹiːdi.ənt/ • *n* koostisosa, aines

inhabitant /ɪnˈhæ.bɪ.tənt/ • *n* asukas

injury /ˈɪn.dʒə.ɹi/ • *n* vigastus

ink /ɪŋk/ • *n* tint

insanity /ɪnˈsænɪti/ • *n* vaimuhaigus

insect /ˈɪnsɛkt/ • *n* putukas

inside /ˈɪnsaɪd/ • *prep* sees, -s

instance /ˈɪnstəns/ • *n* näide; juhtum

institute /ˈɪnstɪt(j)uːt/ • *n* instituut

instructor • *n* instruktor

instrument /ˈɪnstɹəmənt/ • *n* pill, muusikariist; vahend

insurance /ɪnˈʃɔɹ.ɪns/ • *n* kindlustus

intelligence /ɪnˈtɛl.ɪ.dʒəns/ • *n* arukus; haritlane; luureandmed; luure

intention /ɪnˈtɛnʃən/ • *n* kavatsus

interest /ˈɪntəɹɪst, ˈɪntəɹəst/ • *n* huvi • *v* huvi äratama ~**ing** • *adj* huvitav

interjection /ˌɪntəˈdʒɛk.ʃən, ˌɪntəɹˈdʒɛk.ʃən/ • *n* hüüdsõna

international /ˌɪntəˈnæʃ(ə)n(ə)l, ˌɪntəɹˈnæʃ(ə)n(ə)l/ • *adj* rahvusvaheline

Internet ● *n* internet, Internet, nett
interpret|ation /ɪntɚprəˈteɪʃən, ɪntəprəˈteɪʃən/ ● *n* tõlgendamine; tõlgendus **~er** ● *n* tõlk
interval /ˈɪntɚvəl, ˈɪntəvəl/ ● *n* vahemik
interview /ˈɪntɚvjuː, ˈɪntɚvjuː/ ● *n* intervjuu
intimate /ˈɪn.tɪ.mət, ˈɪn.tɪ.meɪt/ ● *adj* lähedane; intiimne; isiklik ● *n* lähedane sõber
into /ˈɪn.tuː, ˈɪn.tu/ ● *prep* sisse, -sse
introduce /ˌɪntrəˈdus, ˌɪntrəˈdjuːs/ ● *v* tutvustama
invasion /ɪnˈveɪʒən/ ● *n* sissetungi, invasioon
invention /ɪnˈvɛnʃən/ ● *n* leiutis
invite /ɪnˈvaɪt/ ● *v* kutsuma
involve /inˈvɒlv, ɪnˈvɑlv/ ● *v* haaratud olema **~d** ● *adj* seostuv
Iran ● *n* Iraan **~ian** ● *adj* iraani ● *n* iraanlane
Iraq ● *n* Iraak
Ir|eland ● *n* lirimaa, liri **~ish** ● *n* iiri keel
iron /ˈaɪən, ˈaɪɚn/ ● *adj* raudne, raud- ● *n* raud; triikraud
Islam ● *n* islam
island /ˈaɪlənd/ ● *n* saar
Israel ● *n* Iisrael **~i** ● *adj* iisraeli ● *n* iisraellane
Istanbul ● *n* İstanbul
IT /ɪt, ət/ ● *n* IT
it /ɪt, ət/ ● *pron* see, too
Ital|y ● *n* Itaalia **~ian** ● *adj* itaalia ● *n* itaallane, itaallased; Itaalia

item /ˈaɪtəm/ ● *n* ese

J

jackdaw /ˈdʒækˌdɔː, ˈdʒækˌdɔ/ ● *n* hakk
jacket /ˈdʒæk.ɪt, ˈdʒækɪt/ ● *n* pintsak
Jamaica ● *n* Jamaica
January ● *n* jaanuar
Japan ● *n* Jaapan **~ese** ● *adj* jaapani ● *n* jaapanlane, jaapanlanna, jaapanlased; jaapani keel
jar /dʒɑː, dʒɑɪ/ ● *n* purk
jaw /dʒɔː, dʒɔ/ ● *n* lõug, lõualuu
jay /dʒeɪ/ ● *n* pasknäär
jazz /dʒæz/ ● *n* džäss
jeans /dʒiːnz/ ● *n* teksad, teksased, teksapüksid
jellyfish /ˈdʒeliˌfɪʃ/ ● *n* meduus, millimallikas
Jew ● *n* juut **~ish** ● *adj* juudi
jewel /ˈdʒuːəl, dʒul/ ● *n* kalliskivi **~lery** ● *n* ehted
jewelry ▷ JEWELLERY
job /dʒɒb, dʒɑb/ ● *n* töö
joint /dʒɔɪnt/ ● *adj* ühine ● *n* šarniir; liide; liiges
joke /dʒəʊk, dʒoʊk/ ● *n* nali
Jordan ● *n* Jordaania; Jordan
journalis|t /ˈdʒɜːnəlɪst, ˈdʒɜːnəlɪst/ ● *n* ajakirjanik **~m** ● *n* ajakirjandus
judg|e /dʒʌdʒ/ ● *n* kohtunik **~ment** ● *n* lahend

| juice | 31 | laptop |

juice /ʤuːs, ʤus/ • *n* mahl; morss
July • *n* juuli
jump /ʤʌmp/ • *n* hüpe • *v* hüppama
June • *n* juuni
Jupiter • *n* Jupiter
jurisdiction • *n* jurisdiktsioon
just /ʤʌst/ • *adv* kõigest
justice /ˈʤʌs.tɪs/ • *n* õiglus

K

Kazakhstan • *n* Kasahstan
Kenya • *n* Keenia, Kenya
kestrel /ˈkɛstɹəl/ • *n* tuuletallaja
key /kiː, ki/ • *adj* võtme-, otsustav, peamine • *n* võti, klahv, toon; helistik **~board** • *n* klaviatuur **~chain** • *n* võtmehoidja
kidney /ˈkɪdni/ • *n* neer
kill /kɪl/ • *v* tapma **~er** • *n* mõrtsukas
kilometre /ˈkɪləˌmiːtə, kəˈlɑmɪtəɹ/ • *n* kilomeeter
kind /kaɪnd/ • *n* liik, sort, tõug
king /kɪŋ, ŋ/ • *n* kuningas, kunn **~dom** • *n* kuningriik; riik
Kiribati • *n* Kiribati
kiss /kɪs/ • *n* suudlus • *v* suudlema
kitchen /ˈkɪʧən/ • *n* köök
knee /niː, ni/ • *n* põlv
knew *(sp)* ▷ KNOW

knife /naɪf/ • *n* (*pl* knives) nuga • *v* pussitama
knives *(pl)* ▷ KNIFE
know /nəʊ, noʊ/ • *v* (*sp* knew, *pp* known) teadma; tundma; oskama **in the ~** • *phr* teadlik
knowledge /ˈnɒlɪʤ, ˈnɑlɪʤ/ • *n* teadmine, teadmised
known *(pp)* ▷ KNOW
kookaburra /ˈkʊkəˌbʌɹə, ˈkʊkəˌbaɹə/ • *n* kuukaburra
Korea • *n* Korea **~n** • *adj* korea • *n* korea keel; korealane
Kosovo • *n* Kosovo
Kuwait • *n* Kuveit
Kyrgyzstan • *n* Kõrgõzstan, Kirgiisia

L

label /ˈleɪbəl/ • *n* etikett
ladder /ˈladə, ˈlædɚ/ • *n* redel
lain *(pp)* ▷ LIE
lake /leɪk/ • *n* järv
lamb /læm/ • *n* tall
lame /leɪm/ • *adj* nõme
lamp /læmp/ • *n* lamp
land /lænd/ • *n* maa; riik; kodumaa • *v* maanduma
landscape /ˈlandskeɪp/ • *n* maastik; rõhtpaigutus
language /ˈlæŋgwɪʤ, æ/ • *n* keel
Laos • *n* Laos
laptop /ˈlæp.tɒp, ˈlæp.tɑp/ • *n* sülearvuti, rüperaal, läpakas, läppar

large /lɑːdʒ, lɑɪdʒ/ • *adj* suur
larva /ˈlɑːvə, ˈlɑɪvə/ • *n* vastne
laser /ˈleɪz.ə(r), ˈleɪzɚ/ • *n* laser
last /lɑːst, læst/ • *adj* viimane
late /leɪt/ • *adv* hilja
Latin • *adj* ladina • *n* ladina keel
Latvia • *n* Läti **~n** • *adj* läti • *n* läti keel; lätlane *f*, lätlanna *f*, lätlased
laugh /lɑːf, lɑf/ • *n* naer • *v* naerda **~ter** • *n* naer
launch /lɔːntʃ, lɑːntʃ/ • *n* heide; kaater • *v* heitma; sööstma; välja saatma, käivitama, alustama
law /lɔː, lɑ/ • *n* õigus; seadus; seaduspärasus; reegel **~yer** • *n* jurist, advokaat
layer /leɪə, ˈleɪ.ɚ/ • *n* kiht
lazy /ˈleɪzi/ • *adj* laisk, logardlik
lead /led/ • *n* plii, seatina **~er** • *n* juht, liider
leaf /liːf/ • *n* (*pl* leaves) leht
leap /liːp/ • *v* (*sp* leapt, *pp* leapt) hüppama
leaped (*sp/pp*) ▷ LEAP
leapt (*sp/pp*) ▷ LEAP
learn /lɜːn, lɜn/ • *v* (*sp* learnt, *pp* learnt) õppima, omandama; arenema
learned (*sp/pp*) ▷ LEARN
learnt (*sp/pp*) ▷ LEARN
at least • *phr* vähemalt
leather /ˈleðə, ˈleðɚ/ • *n* nahk
leave /liːv/ • *v* (*sp* left, *pp* left) lahkuma
leaves (*pl*) ▷ LEAF
Lebanon • *n* Liibanon
led (*sp/pp*) ▷ LEAD
left /left/ • *adj* vasak, pahem • (*also*) ▷ LEAVE

leg /leg, leɪg/ • *n* jalg
legacy /ˈlegəsi, ˈleɪgəsi/ • *n* pärand
legal /ˈliː.gəl, ˈliɡəl/ • *adj* seaduslik
legend /ˈledʒ.ənd/ • *n* legend
legislator • *n* seadusandja
lemon /ˈlemən/ • *adj* sidrunkollane • *n* sidrun
length /leŋ(k)θ/ • *n* pikkus
lens /lenz/ • *n* lääts
lesbian /ˈlezbi.ən/ • *adj* lesbi
Lesotho • *n* Lesotho
less /les/ • *adv* vähem
lesson /ˈlesn/ • *n* õppetund
let /let/ • *v* (*sp* let, *pp* let) laskma
letter /ˈletə(r), ˈletɚ/ • *n* täht, kirjatäht, aabe, pookstav; kiri
level /ˈlev.əl/ • *n* tasand; tase
liberalism • *n* liberalism
liberate /ˈlɪbəreɪt/ • *v* vabastama
Liberia • *n* Libeeria
library /ˈlaɪbrəri, ˈlaɪbəri/ • *n* raamatukogu **~ian** • *n* raamatukoguhoidja
Libya • *n* Liibüa
lice (*pl*) ▷ LOUSE
licence (*British*) ▷ LICENSE
license /ˈlaɪsəns/ • *n* litsents, luba
lid /lɪd/ • *n* kaas
lie /laɪ/ • *n* vale, väär • *v* (*sp* lay, *pp* lain) lebama, lesima, lasuma; laotama; valetama
Liechtenstein • *n* Liechtenstein
life /laɪf/ • *n* (*pl* lives) eluaeg; elamine; hing; elu; elamisväärne, elamiskõlblik; eluaegne **~guard** • *n* vetelpäästja
lift /lɪft/ • *n* lift

light /laɪt, lʌɪt/ • *n* valgus • *v* (*sp* lit, *pp* lit) süütama, läitma
~**ning** • *n* välk ~ **bulb** • *n* elektripirn, pirn, lamp
lighted *(sp/pp)* ▷ LIGHT
like /laɪk/ • *v* meeldima
limb /lɪm/ • *n* jäse
limit /ˈlɪmɪt/ • *n* piirang, piir • *v* piirama
line /laɪn/ • *n* liin, joon • *v* reastama, järjestama, ritta seadma **out of** ~ • *phr* kohatu
lion /ˈlaɪən/ • *n* lõvi
lip /lɪp/ • *n* huul ~**stick** • *n* huulepulk
liquid /ˈlɪkwɪd/ • *adj* vedel; likviidne • *n* vedelik
list /lɪst/ • *n* loend • *v* loetlema
listen /ˈlɪs.ən/ • *v* kuulama, tähele panema; kuulatama; kuulma ~**er** • *n* kuulaja
lit *(sp/pp)* ▷ LIGHT
literature /ˈlɪ.tə.ɹɪ.tʃə(ɹ), ˈlɪ.tɚ.ɪ.tʃɚ/ • *n* literatuur, kirjandus
Lithuania • *n* Leedu ~**n** • *adj* leedu • *n* leedu keel; leedulane
litre /ˈliː.tə, ˈliː.tɚ/ • *n* liiter
litter /ˈlɪtə(ɹ), ˈlɪtɚ/ • *n* varis
little /ˈlɪtəl, ˈlɪtl̩/ • *adj* väike • *det* pisut
live /lɪv/ • *v* elama
liver /ˈlɪvə(ɹ)/ • *n* maks
lives *(pl)* ▷ LIFE
lizard /ˈlɪz.əd, ˈlɪz.ɚd/ • *n* sisalik
load /loʊd, ləʊd/ • *n* koorem; laadung, last • *v* laadima
loan /ləʊn, loʊn/ • *n* laen
lobster /ˈlɒb.stə, ˈlɑb.stɚ/ • *n* homaar

local /ˈləʊkl̩, ˈloʊkl̩/ • *adj* kohalik, lokaalne
location /loʊˈkeɪʃən, ləʊˈkeɪʃən/ • *n* asukoht, ruum
lock /lɒk, lɑk/ • *n* lukk • *v* lukustama
London • *n* London
long /lɒŋ, lɔːŋ/ • *adj* pikk • *adv* kaua
look /lʊk, luːk/ • *n* pilk • *v* vaatama ~ **for sb/sth** • *v* otsima
loom /luːm, lum/ • *n* kangasteljed, kangaspuud
loop /luːp/ • *n* silmus; aas; surmasõlm
lose /luːz/ • *v* (*sp* lost, *pp* lost) kaotama
lottery /ˈlɒtəɹi, ˈlɑtɚi/ • *n* loterii
loud /laʊd/ • *adj* vali
lous|e /laʊs/ • *n* (*pl* lice) täi ~**y** • *adj* närune, alatu
love /lʌv, lʊːv/ • *n* armastus • *v* armastama
low /ləʊ, loʊ/ • *adj* madal
luck /lʌk, lʊk/ • *n* õnn
lunch /lʌntʃ/ • *n* lõuna • *v* lõunastama
lung /lʌŋ/ • *n* kops
Luxembourg • *n* Luksemburg; Luxembourg
lynx /lɪŋks/ • *n* ilves
lyrics /ˈlɪ.ɹɪks/ • *n* laulusõnad, laulutekst

M

Macedonia • *n* Makedoonia; Makedoonia Vabariik **~n** • *adj* Makedoonia, makedoonia • *n* makedoonlane

machine /məˈʃiːn/ • *n* masin

Madagascar • *n* Madagaskar

Madrid • *n* Madrid, Madriid

magazine /ˌmæɡəˈziːn, ˌmæɡəˈziːn/ • *n* ajakiri; magasin

maggot /ˈmæɡət/ • *n* vagel

magic /ˈmædʒɪk, ˈmædʒɪk/ • *n* maagia, nõiakunst, nõidus, võlu

magistrate /ˈmædʒɪstɹeɪt/ • *n* magistraat

magnet /ˈmæɡnət/ • *n* magnet

magnifying glass • *n* suurendusklaas, luup

magnitude /ˈmæɡnɪtjuːd/ • *n* suurus, ulatus, tähtsus; tähesuurus, magnituud

mail /meɪl/ • *n* post

main /meɪn/ • *adj* pea- **~land** • *n* manner

maintenance /ˈmeɪnt(ə)nəns/ • *n* hooldus

major /ˈmeɪdʒə(ɹ), ˈmeɪdʒɚ/ • *n* major **~ity** • *n* enamus

makeup • *n* koosseis; jumestus, meik, grimm

Malawi • *n* Malawi

Malaysia • *n* Malaisia

Maldives • *n* Maldiivid

male /meɪl/ • *n* mees; meessoost

Mali • *n* Mali

mallard /ˈmæl.ɑː(ɹ)d, ˈmælɚd/ • *n* sinikael part

Malt|a • *n* Malta **~ese** • *n* maltalased; maltalane

man /mæn/ • *n* (*pl* man) inimene; mees; meesterahvas; nupp **~kind** • *n* inimkond

manage /ˈmænɪdʒ/ • *v* juhtima; haldama; õnnestuma; hakkama saama **~r** • *n* juhataja, juht, direktor

manual /ˈman.j(ʊ)əl, ˈmænjə(wə)l/ • *n* käsiraamat

manufacturer /ˌmænjuˈfæktʃə(ɹ)ɚ/ • *n* tootja

manuscript /ˈmænjəˌskɹɪpt/ • *n* käsikiri

many /ˈmɛni, ˈmɪni/ • *det* palju

map /mæp/ • *n* kaart

marble /ˈmɑːbəl, ˈmɑɹbəl/ • *n* marmor

March /mɑːtʃ, mɑɹtʃ/ • *n* märts

march /mɑːtʃ, mɑɹtʃ/ • *n* marss; mark • *v* marssima

mark /mɑːk/ • *n* mark • *v* tähistama

market /ˈmɑːkɪt, ˈmɑɹkɪt/ • *n* turg **~ing** • *n* turundus

marmot /ˈmɑːmət/ • *n* ümiseja

marr|y /ˈmæɹi, ˈmæɹi/ • *v* abielluma **~iage** • *n* abielu

Mars • *n* Marss; Mars

mask /mɑːsk, mæsk/ • *n* mask

mass /mæs/ • *n* mass; missa

massacre /ˈmæs.ə.kɚ, ˈmæs.ə.kə(ɹ)/ • *n* tapatalg

master /ˈmɑːstə, ˈmæstɚ/ • *n* isand

match /mætʃ/ • *n* matš; tikk, tuletikk • *v* klappima; klapitama, sobitama **~maker** • *n* kosjasobitaja

materialistic • *adj* materialistlik

maternal	35	mine

maternal /məˈtɜːnəl, məˈtɜɹnəl/ • *adj* emalik, emapoolne
mathematics /ˌmæθ(ə)ˈmætɪks/ • *n* matemaatika
maths ▷ MATHEMATICS
matter /ˈmætə, ˈmætɚ/ • *n* aine
Mauritania • *n* Mauritaania
Mauritius • *n* Mauritius
May /meɪ/ • *n* mai, maikuu, lehekuu
maybe /ˈmeɪbi/ • *adv* võib-olla, ehk
mayor /ˈmeɪ.ə, ˈmɛə/ • *n* linnapea
me /miː, mi/ • *pron* mind, minu
meal /miːl/ • *n* söök; jahu
mean /miːn/ • *v* (*sp* meant, *pp* meant) tähendama **~ing** • *n* tähendus **~ingless** • *adj* mõttetu
meant (*sp/pp*) ▷ MEAN
measure /ˈmɛʒə, ˈmɛʒɚ/ • *n* mõõde; mõõtmine; meede
meat /miːt, mit/ • *n* liha **~ball** • *n* frikadell
mechanism /ˈmɛkənɪzm/ • *n* mehhanism
medal /ˈmɛdəl/ • *n* medal
medicine /ˈmɛd.sɪn, ˈmɛ.dɪ.sɪn/ • *n* arstirohi, medikament; meditsiin
medieval /ˌmɛd.iˈiː.vəl, mɪdˈiː.vəl/ • *adj* keskaeg
melody /ˈmɛl.ə.di, ˈmɛl.ə.di/ • *n* meloodia
member /ˈmɛmbə, ˈmɛmbɚ/ • *n* liige **~ship** • *n* liikmelisus
memoir /ˈmɛmˌwɑɹ, ˈmɛmˌɔɹɚ/ • *n* mälestusteraamat, elulugu, memuaarid
memory /ˈmɛm(ə)ɹi, ˈmɪm(ə)ɹi/ • *n* mälu

men (*pl*) ▷ MAN
mention /ˈmɛnʃən/ • *v* mainima, viitama
menu /ˈmɛnjuː, ˈmɛnju/ • *n* menüü
merchant /ˈmɜtʃənt, ˈmɜːtʃənt/ • *n* kaupmees
Mercury /ˈmɜːˌkjʊ.ɹi, ˈmɜːkjəɹi/ • *n* Merkuur; Mercurius
mercy /ˈmɜːsi, ˈmɜsi/ • *n* arm
message /ˈmɛsɪdʒ/ • *n* sõnum
metal /ˈmɛtəl/ • *n* metall; metal
metaphor /ˈmɛt.ə.fɔː(ɹ), ˈmɛt.ə.fɔ(ə)ɹ/ • *n* metafoor
meteorite /ˈmiːˌtɪ.ɹˌaɪt, ˈmiːti.əˌɹaɪt/ • *n* meteoriit
meteorology /ˌmiːtɪəˈɹɒlədʒi, ˌmiti.əˈɹɑːlədʒi/ • *n* ilmastikuteadus
meter /ˈmiːtə, ˈmiːtə/ • *n* mõõtja
metre (*British*) ▷ METER
Mexic|o • *n* Mehhiko **~an** • *adj* mehhiko • *n* mehhiklane
mice (*pl*) ▷ MOUSE
Micronesia • *n* Mikroneesia
middle /ˈmɪdəl, ˈmədəl/ • *n* keskkoht **~ finger** • *n* keskmine sõrm
midnight /ˈmɪdnʌɪt, ˈmɪdˌnaɪt/ • *n* keskööö
midwife /ˈmɪd.waɪf/ • *n* ämmaemand
mile /maɪl/ • *n* miil
militia /məˈlɪʃə/ • *n* miilits
milk /mɪlk/ • *n* piim • *v* lüpsma
Milky Way • *n* Linnutee
mill /mɪl/ • *n* veski; tehas
million /ˈmɪljən/ • *num* miljon
millipede /ˈmɪləpɪd/ • *n* tuhatjalg
mind /maɪnd/ • *n* mõistus; meel
mine /maɪn/ • *n* miin

M

miner /'maɪnə/ • *n* kaevur; minöör, sapöör
mineral /'mɪ.nə.ɪ.əl/ • *n* mineraal
minimize /'mɪnɪmaɪz/ • *v* minimaliseerima; ahendama
minist|er /'mɪnɪstə, 'mɪnɪstɚ/ • *n* minister **~ry** • *n* ministeerium
mink /mɪŋk/ • *n* euroopa naarits, mink
minority /maɪ'nɒ.ɪ.ɪ.ti, maɪ'nɔː.ɪ.ɪ.ti/ • *n* vähemus
minute /'mɪnɪt/ • *n* minut; hetk, moment
mirac|le /'mɪɪəkəl, 'mɪɪəkəl/ • *n* ime **~ulous** • *adj* imeline
mirror /'mɪɪ.ə, 'mɪɪ.ɚ/ • *n* peegel
missile /'mɪsaɪl/ • *n* rakett
missionary • *n* misjonär
mist /mɪst/ • *n* udu, vine
mistake /mɪ'steɪk/ • *n* viga
mistress /'mɪstɪɪs/ • *n* armastaja, armuke
moan /məʊn, moʊn/ • *v* oigama
mode /məʊd, moʊd/ • *n* viis; režiim; mood
modify /'mɒdɪfaɪ, 'mɑdɪfaɪ/ • *v* muutma
Moldova • *n* Moldova, Moldaavia
mole /məʊl, moʊl/ • *n* mutt
moment /'məʊmənt, 'moʊmənt/ • *n* hetk, moment
Monaco • *n* Monaco
Monday • *n* esmaspäev
money /'mʌni/ • *n* raha
Mongolia • *n* Mongoolia **~n** • *adj* mongoolia, mongoli • *n* mongol, mongoollane; mongoli keel; mongoliid
mongoose /'mɒŋguːs, 'mɑŋgus/ • *n* mangust

monitor /'mɒnɪtə/ • *n* monitor
monk /mʌŋk/ • *n* munk
monkey /'mʌŋki/ • *n* pärdik, ahv
monster /'mɒnstə(ɪ), 'mɑnstɚ/ • *n* koletis
Montenegro • *n* Montenegro, Tšernogooria
month /mʌnθ/ • *n* kuu
monument /'mɑnjəmənt/ • *n* mälestussammas, monument, mälestusmärk
moon /muːn/ • *n* kuu **~light** • *v* haltuurat tegema
moose /muːs/ • *n* põder
more /mɔː, 'mɔɪ/ • *adv* rohkem
morning /'mɔːnɪŋ, 'mɔɪnɪŋ/ • *n* hommik
Morocc|o • *n* Maroko **~an** • *adj* maroko • *n* marokolane
Moscow • *n* Moskva
mosque /mɑsk, mɒsk/ • *n* mošee
most /məʊst, 'moʊst/ • *det* enamik
moth /mɒθ, mɔθ/ • *n* ööliblikas
mother /'mʌðə(ɪ), 'mʌðɚ/ • *n* ema **~ tongue** • *n* emakeel **~-in-law** • *n* ämm **~land** • *n* kodumaa
motion /'məʊʃən, 'moʊʃən/ • *n* liigutus, liikumine
motivation • *n* motivatsioon
motor /'məʊtə, 'moʊtɚ/ • *n* mootor **~cycle** • *n* mootorratas
mount /maʊnt/ • *v* kinnitama
mountain /'maʊntɪn, 'maʊntən/ • *n* mägi **~eering** • *n* mägironimine
mouse /maʊs, mʌʊs/ • *n* (*pl* mice) hiir

mouth /maʊθ, mʌʊθ/ • *n* suu
move /muːv/ • *n* käik • *v* liikuma; kolima; käima **~ment** • *n* liikumine
movie /ˈmuːvi/ • *n* film, kinofilm
Mozambique • *n* Mosambiik
Mr. • *n* Hr
Mrs • *n* Pr
much /mʌtʃ/ • *det* palju
mud /mʌd/ • *n* muda
mule /mjuːl/ • *n* muul
multiplication /ˌmʌltɪplɪˈkeɪʃən/ • *n* korrutamine
mum /mʌm/ • *n* ema, emme, amm, memm
murder /ˈmɜːdə(r), ˈmɜːdər/ • *n* mõrv, roim • *v* tapma, mõrvama, roimama **~** • *n* mõrv, roim • *v* tapma, mõrvama, roimama **~er** • *n* mõrtsukas
musc|le /ˈmʌs.əl/ • *n* lihas **~ular** • *adj* lihase-, lihaseline
museum /mjuːˈziːəm, mjuˈzi.əm/ • *n* muuseum
mushroom /ˈmʌʃ.ruːm/ • *n* seen
music /ˈmjuːzɪk, ˈmjuzɪk/ • *n* muusika; noodipaber **~ian** • *n* muusik
Muslim • *n* muslim, moslem, musulman
must /mʌst, məs(t)/ • *v* pidama
my /maɪ, mɪ/ • *det* minu, mu
Myanmar • *n* Myanmar, Birma
myself /maɪˈsɛlf/ • *pron* ise
mystery /ˈmɪstəri/ • *n* müsteerium **~ious** • *adj* salapärane
myth /mɪθ/ • *n* müüt **~ology** • *n* mütoloogia

N

nail /neɪl/ • *n* küüs; nael
naked /ˈneɪkɪd, ˈnɛkɪd/ • *adj* paljas, alasti **~ness** • *n* alastiolek
name /neɪm/ • *n* nimi
Namibia • *n* Namiibia
narrative /ˈnærətɪv, ˈnɛrətɪv/ • *n* jutustus
narrow /ˈnæroʊ, ˈnærəʊ/ • *adj* kitsas
nation /ˈneɪʃən/ • *n* natsioon, rahvus; riik **~al** • *adj* kodanik, rahvuslik, riiklik
NATO • *n* (*abbr* North Atlantic Treaty Organization) NATO
natur|e /ˈneɪtʃə, ˈneɪtʃər/ • *n* loodus; loomus, natuur **~al** • *adj* looduslik, loomulik
Nauru • *n* Nauru
near /nɪə(r), nɪr/ • *adj* lähedal **~ly** • *adv* peaaegu
necessar|y /ˈnɛsəˌsɛri, ˈnɛsəsri/ • *adj* vajalik, tarvilik **~ily** • *adv* paratamatult
neck /nɛk/ • *n* kael, kaelus **~tie** • *n* lips
need /niːd/ • *v* vajama, pidama
needle /ˈniːdl/ • *n* nõel
negotiation /nɪˌgoʊʃiˈeɪʃn/ • *n* läbirääkimine
neighbo|ur /ˈneɪbə, ˈneɪbər/ • *n* naaber **~rhood** • *n* naabrus, ümbruskond; naabrid
neighbourhood (*British*) ▷ NEIGHBORHOOD

| Nepal | 38 | o'clock |

Nepal ● *n* Nepal **~i** ● *adj* nepal ● *n* nepallane ● *n* nepali

Neptune ● *n* Neptuun; Neptunus, Neptun

nerv|e /nɜv, nɜːv/ ● *n* närv **~ous** ● *adj* kärsitu

nest /nɛst/ ● *n* pesa

net /nɛt/ ● *n* võrk **~work** ● *n* võrk

Netherlands ● *adj* hollandi, madalmaade ● *n* Holland, Madalmaad

neutral /ˈnjuːtrəl, ˈnuːtrəl/ ● *adj* neutraalne, erapooletu **~ity** ● *n* neutraliteet

never /ˈnɛv.ə(r), ˈnɛ.vɚ/ ● *adv* iial, eales

new /njuː, n(j)u/ ● *adj* kogenematu; värske; uus

New Zealand ● *n* Uus-Meremaa

news /nuːz/ ● *n* (*pl* news) uudis, uudised **~paper** ● *n* ajaleht, leht; ajalehepaber

next /nɛkst/ ● *adj* järgmine

Nicaragua ● *n* Nicaragua

nice /naɪs/ ● *adj* meeldiv; kena; maitsev

Niger ● *n* Niger

Nigeria ● *n* Nigeeria

night /naɪt/ ● *n* öö; õhtu; öö saabumine; pimedus **~mare** ● *n* õudusunenägu, košmaar

nightingale /ˈnaɪtɪŋɡeɪl/ ● *n* ööbik

nin|e /naɪn/ ● *num* üheksa **~th** ● *adj* üheksas **~ety** ● *num* üheksakümmend

no ● *det* üldse, ükski ● *n* ei ● *part* üldse, ükski **~ one** ● *pron* ei keegi, mitte keegi

nob|le /ˈnəʊbəl, ˈnoʊbəl/ ● *adj* aatelik **~ility** ● *n* aadel

nonsense /ˈnɑnsɛns, ˈnɒnsəns/ ● *n* jamps

normal /ˈnɔːməl, ˈnɔːrməl/ ● *adj* harilik ● *n* normaal **~ity** ● *n* normaalsus

north /nɔːθ, nɔːrθ/ ● *adj* põhja ● *n* põhi **~west** ● *n* loe **~east** ● *n* kirre

Norw|ay ● *n* Norra **~egian** ● *adj* norra ● *n* norralane; norra keel

nose /nəʊz, noʊz/ ● *n* nina

not /nɒt, nɑt/ ● *adv* ei ● *conj* mitte

note /nəʊt, noʊt/ ● *n* märkus; noot ● *v* märkama; noteerima **~book** ● *n* vihik, kaustik

notice /ˈnəʊtɪs, ˈnoʊtɪs/ ● *v* märkama; tähelpama

notoriety /ˌnəʊ.təˈraɪ.ə.ti, ˌnoʊ.tɚˈaɪ.ə.ti/ ● *n* kurikuulsus

noun /naʊn, næːn/ ● *n* nimisõna

novel /ˈnɒvl̩, ˈnɑvəl/ ● *n* romaan

November ● *n* november

now /naʊ/ ● *adv* nüüd

number /ˈnʌmbə, ˈnʌmbɚ/ ● *n* arv

numeral /ˈnjuːmərəl, ˈnuːmərəl/ ● *n* arvsõna

nurse /nɜːs, nɜs/ ● *n* lapsehoidja; õde, meditsiiniõde

nut /nʌt/ ● *n* pähkel; mutter

nymph /nɪmf/ ● *n* nümf

O

o'clock /əˈklɒk, əˈklɑk/ ● *adv* kell üks

oak /oʊk, əʊk/ • *n* tamm, tammepuu; tammepuit
obesity • *n* rasvumus
obedience /ə(ʊ)ˈbiːdɪəns/ • *n* sõnakuulelikkus
object /ˈɒb.dʒekt, ˈɑb.dʒekt/ • *n* ese; sihitis
observ|e /əbˈzɜːv, əbˈzɝv/ • *v* vaatlema **~ation** • *n* vaatlus
obvious /ˈɑ(b).vi.əs, ˈɒ(b).vɪəs/ • *adj* selge, ilmselge
occup|ied /ˈɑkjəpaɪd/ • *adj* hõivatud; okupeeritud **~ation** • *n* okupatsioon
occur /əˈkɜː, əˈkɝ/ • *v* tekkima; meenuma; esinema **~rence** • *n* juhtum
ocean /ˈəʊ.ʃən, ˈoʊ.ʃən/ • *n* ookean
Oceania • *n* Okeaania
October • *n* oktoober
of /ɒv, ɔv/ • *prep* -aastane, -kuune, -nädalane, -päevane; enne, -st puudu
offer /ˈɒfə(ɹ), ˈɔfɚ/ • *v* pakkuma
office /ˈɒfɪs, ˈɔfɪs/ • *n* kontor, büroo **~r** • *n* ohvitser
official /əˈfɪʃəl/ • *adj* ametlik
offline • *adj* ära
often /ˈɒf(t)ən, ˈɔf(t)ən/ • *adv* tihti, sageli
oil /ɔɪl/ • *n* õli; nafta
OK • *adj* hästi, okei; sobib, korras, kombes okei • *n* OK okei, olgu, hästi, davai
old /ˈəʊld, ˈoʊld/ • *adj* vana; endine **~-fashioned** • *adj* moest läinud; vanamoodne
Olympics • *n* olümpia
Oman • *n* Omaan

on /ɒn, ɑn/ • *adj* sees • *prep* peal
once again • *adv* veel üks kord, taas kord
one /wʌn, wan/ • *num* üks
onion /ˈʌnjən, ˈʌnjɪn/ • *n* sibul
only /ˈəʊn.li, ˈəʊn.lɪ/ • *adj* ainus
open /ˈəʊ.pən, ˈoʊ.pən/ • *adj* lahtine; avatud; aval; avalik • *n* katkestus • *v* alustama; avama; avanema
opera /ˈɒp.ə.ɹə, ˈɑ.pɚ.ə/ • *n* ooper
operati|ng system /ˈɒpə(ˌ)ɹeɪtɪŋˌsɪstəm, ˈɑpəˌɹeɪtɪŋˌsɪstəm/ • *n* operatsioonisüsteem **~on** • *n* toiming; lõikus, operatsioon
opinion /əˈpɪnjən/ • *n* arvamus; ettepanek
opportunity /ˌɒp.əˈtjuː.nɪ.tɪ, ˌɑpɚˈtunəti/ • *n* võimalus
opposition /ˌɒpəˈzɪʃən, ˌɑpəˈzɪʃn/ • *n* opositsioon
or /ɔː(ɹ), ɔɹ/ • *conj* või
orange /ˈɒɹɪn(d)ʒ, ˈɑɹɪndʒ/ • *adj* oranž • *n* apelsinipuu; apelsin; oranž
orbit • *n* orbiit
orchestra • *n* orkester
order /ˈɔːdə, ˈɔːɹdɚ/ • *n* korraldus, käsk; tellimus; ordu • *v* korrastama, järjestama; käskima; tellima
organ /ˈɔːɡən, ˈɔːɡən/ • *n* organ, elund; orel
organism /ˈɔːɡən.ɪ.zəm, ˈɔɹ.ɡən.ɪ.zæm/ • *n* organism, elusorganism, elusolend
organization /ˌɔː(ɹ)ɡə.naɪˈzeɪʃən, ˌɔɹɡənɪˈzeɪʃən/ • *n* korraldatus, organiseeritus; korraldus; ühing, organisatsioon; selts

ostrich /ˈɒs.tɪtʃ, ˈɔs.tɪtʃ/ • *n* jaanalind

otter /ˈɒt.ə, ˈɑtɚ/ • *n* saarmas

out /aʊt, æt/ • *adv* välja, väljas **~fit** • *n* riietus **~law** • *n* lindprii **~put** • *n* väljund

oven /ˈʌ.vn̩/ • *n* ahi

owl /aʊl/ • *n* öökull, kakk

own|er /ˈoʊnɚ, ˈəʊnə/ • *n* omanik **on one's ~** • *phr* omaette, ise

ox /ˈɑks, ˈɒks/ • *n* härg

oxygen /ˈɒksɪdʒən/ • *n* hapnik

oxymoron /ˌɒksɪˈmɔːrɒn, ˌɑksɪˈmɔːrɑn/ • *n* oksüümoron

P

pack|age /ˈpækɪdʒ/ • *n* pakk, pakett **~et** • *n* pakett, pakk

page /peɪdʒ, paːʒ/ • *n* lehekülg, lehekülge; paaž

paid *(sp/pp)* ▷ PAY

pain /peɪn/ • *n* valu

paint /peɪnt/ • *n* värv **~er** • *n* maaler, maalija **~ing** • *n* maal; maalimine

pair /pɛə(ɹ)/ • *n* paar

Pakistan • *n* Pakistan

palace /ˈpæləs, ˈpælɪs/ • *n* palee

Palau • *n* Belau, Palau

Palestine • *n* Palestiina **~ian** • *adj* palestiin • *n* palestiinlane

palm /pɑːm, pɑm/ • *n* kämmal

Panama • *n* Panama

panel /ˈpænəl/ • *n* paneel

panic /ˈpænɪk/ • *n* paanika

pants /pænts/ • *n* püksid

paper /ˈpeɪpə, ˈpeɪpɚ/ • *adj* paber

parachute /ˈpæɹəʃuːt/ • *n* langevari

parade /pəˈɹeɪd/ • *n* paraad

paragraph /ˈpɛɹəɡɹæf, ˈpæɹəɡɹɑːf/ • *n* paragrahv, lõik

Paraguay • *n* Paraguay

parallel /ˈpæɹəˌlɛl, ˈpɛɹəˌlɛl/ • *adj* rööpne

parameter /pəˈɹæm.ɪ.tə/ • *n* parameeter

parent /ˈpɛəɹənt/ • *n* vanem

parenthesis /pəˈɹɛnθəsɪs/ • *n* (*pl* parentheses) kiil, kiillause

Paris • *n* Pariis

parish /ˈpæɹɪʃ/ • *n* kihelkond

park /pɑɹk/ • *n* park, puiestik

parliament /ˈpɑːləmənt, ˈpɑɹləmənt/ • *n* parlament

parrot /ˈpæɹət/ • *n* papagoi

part /pɑːt, pɑɹt/ • *n* osa; roll **~-time** • *adj* poole kohaga, osalise tööajaga

particle /ˈpɑːtɪk(ə)l, ˈpɑɹtɪkəl/ • *n* osake; partikkel

partner /ˈpɑːtnə(ɹ), ˈpɑɹtnɚ/ • *n* partner

party /ˈpɑːti, ˈpɑɹti/ • *n* osapool; pidu • *v* pidutsema, pidu pidama

passenger /ˈpæsəndʒɚ, ˈpæsəndʒə/ • *n* sõitja

passive /ˈpæs.ɪv/ • *adj* loid; passiiv

passport /ˈpɑːspɔːt, ˈpæspɔɹt/ • *n* pass

password /ˈpæswɜːɹd, ˈpɑːswɜː(ɹ)d/ • *n* salasõna, parool

past /pɑːst, pæst/ • *n* minevik **in the ~** • *phr* minevikus

path /pɑːθ, pæθ/ • *n* rada; teekond; suund; ahel

pay /peɪ/ • *v* (*sp* paid, *pp* paid) maksma **~ment** • *n* makse

PC *(abbr)* ▷ COMPUTER

pea /piː/ • *n* hernes

peace /piːs/ • *n* rahu

peacock /ˈpiːkɑk, ˈpiːkɒk/ • *n* paabulind

peanut /ˈpiːˌnʌt, ˈpiːnət/ • *n* maapähkel, arahhis, arahhispähkel, hiina pähkel

peasant /ˈpɛzənt/ • *n* talupoeg

peculiar /pɪˈkjuljə, pɪˈkjuːljə/ • *adj* tavatu, kummaline; iseäralik, omapärane

pedestrian /pəˈdɛstɹiən/ • *n* jalakäija **~ crossing** • *n* ülekäigurada

peel /piːl/ • *v* koorima

pelican /ˈpɛlɪkən/ • *n* pelikan

pen /pɛn, pɪn/ • *n* sulepea, sulg, pastapliiats, pastakas

pencil /ˈpɛnsəl, ˈpɛnsɪl/ • *n* pliiats; krihvel **~ case** • *n* pinal

pending /ˈpɛndɪŋ/ • *adj* lahtine, otsustamata; poolik

penetrate /ˈpɛnɪtɹeɪt, ˈpɛnɪˌtɹeɪt/ • *v* läbistama

penguin /ˈpɛŋɡwɪn, ˈpɪŋɡwɪn/ • *n* pingviin

penis /ˈpiːnɪs, ˈpɪnɪs/ • *n* peenis, suguti, kürb, riist

penned *(sp/pp)* ▷ PEN

pensive /ˈpɛnsɪv/ • *adj* mõtlik

pent *(sp/pp)* ▷ PEN

people /ˈpiːpəl, ˈpɪpəl/ • *n* inimesed; rahvas

pepper /ˈpɛpə, ˈpɛpəɹ/ • *n* pipar; paprika

per /pɜː(ɹ), pɝ/ • *prep* kohta

perceive /pəˈsiːv, pəˈsiv/ • *v* tajuma

percent /pəˈsɛnt, pɹˌsɛnt/ • *n* protsent **~age** • *n* protsent

perch /pɜːtʃ, pɝtʃ/ • *n* ahven

perfection /pəˈfɛkʃən/ • *n* täiuslikkus

perhaps /pəˈhæps, pəˈɹhæps/ • *adv* ehk

periodic table /ˌpɪɹiˈɒdɪk ˈteɪb(ə)l, ˌpɪɹiˈɑdɪk ˈteɪbəl/ • *n* keemiliste elementide perioodilisussüsteem, Mendelejevi tabel, perioodilisustabel

permanently • *adv* püsivalt, alaliselt

permission /pəˈmɪʃən, pəˈɹmɪʃən/ • *n* luba

Persia • *n* Pärsia **~n** • *n* pärsia; pärslane

person /ˈpɜːsən, ˈpɝsən/ • *n* (*pl* people) isik

Peru • *n* Peruu

pet /pɛt/ • *n* lemmikloom

pheasant /ˈfɛzənt/ • *n* faasan

Philippines • *n* Filipiinid

philosopher /fɪˈlɒsəfə(ɹ), fəˈlɑsəfəɹ/ • *n* filosoof

phone /fəʊn, foʊn/ • *n* häälik, foon

photo ▷ PHOTOGRAPH

photograph /ˈfəʊtəˌɡɹɑːf, ˈfoʊtəˌɡɹæf/ • *n* foto • *v* pildistama, fotografeerima **~er** • *n* fotograaf **~y** • *n* fotograafia

phrase /fɹeɪz/ • *n* fraas, väljend

physical /ˈfɪzɪkəl/ • *adj* füüsiline; füüsikaline

physician /fɪˈzɪʃən/ • *n* arst, doktor

physics /ˈfɪzɪks/ • *n* füüsika

piano /piˈænoʊ, piˈænəʊ/ • *n* klaver

picture /ˈpɪktʃə, ˈpɪk(t)ʃər/ • *n* pilt

pie /paɪ/ • *n* pirukas

pig /pɪɡ/ • *n* siga, põrsakas

pigeon /ˈpɪdʒɪn, ˈpɪdʒən/ • *n* tuvi

pike /paɪk/ • *n* haug

pill /pɪl/ • *n* tablett, pill

pillow /ˈpɪləʊ/ • *n* padi

pilot /ˈpaɪlət/ • *n* piloot

pin /pɪn/ • *n* nööpnõel

pine /paɪn/ • *n* mänd

pink /pɪŋk/ • *n* nelk; roosa

pioneer /ˌpaɪəˈnɪəɪ/ • *n* pioneer

pipe /paɪp/ • *n* toru

pirate /ˈpaɪ(ə)ɪɪt/ • *n* piraat, mereröövel, kaaper, korsaar

pistol /ˈpɪstəl/ • *n* püstol

pizza /ˈpiːtˌsə, ˈpɪtsə/ • *n* pitsa

place /pleɪs/ • *n* paik, koht; plats; istekoht

plague /pleɪɡ/ • *n* katk; rändtaud

plain /pleɪn/ • *n* tasandik

plaintiff • *n* hageja

plan /plæn/ • *n* plaan

plane /pleɪn/ • *n* tasand; höövel • *v* hööveldama

planet /ˈplænɪt, ˈplænət/ • *n* planeet **~arium** • *n* planetaarium

plant /plɑːnt, plænt/ • *n* taim

plastic /ˈplɑːstɪk, ˈplæstɪk/ • *n* plast, plastmass

plate /pleɪt/ • *n* plaat, taldrik

platform /ˈplætfɔːm, ˈplætfɔɪm/ • *n* platvorm, perroon

platypus /ˈplætɪpəs, ˈplætɪˌpʊs/ • *n* nokkloom

play /pleɪ/ • *n* mäng • *v* mängima; mängida

pleas|e /pliːz, pliz/ • *adv* palun, palume **~ant** • *adj* meeldiv **~ure** • *n* lõbu

pledge /plɛdʒ/ • *n* rebane

plot /plɒt, plɑt/ • *n* süžee, sündmustik

plug /plʌɡ/ • *n* pistik, stepsel

pocket /ˈpɑkɪt, ˈpɒkɪt/ • *adj* tasku- • *n* tasku ~ **money** • *n* taskuraha

poem /ˈpəʊɪm, ˈpoʊəm/ • *n* luuletus, värss, poeem

poet /ˈpəʊɪt, ˈpoʊət/ • *n* luuletaja **~ry** • *n* luule

point /pɔɪnt/ • *n* iva; koma

poison /ˈpɔɪz(ə)n/ • *n* mürk • *v* mürgitama

Pol|and • *n* Poola **~ish** • *adj* poola

police /p(ə)ˈliːs, ˈpliːs/ • *n* politsei

policy /ˈpɒləsi, ˈpɑləsi/ • *n* poliitika

polite /pəˈlaɪt/ • *adj* viisakas

politic|s /ˈpɑl.ɪ.tɪks, ˈpɒl.ɪ.tɪks/ • *v* poliitika **~ian** • *n* poliitik

pond /pɒnd, pɑnd/ • *n* tiik

pony /ˈpəʊni, ˈpoʊni/ • *n* poni

poor /pɔː, pʊə(ɪ)/ • *adj* vaene

poppy /ˈpɒpi, ˈpɑpi/ • *n* moon, magun

population /ˌpɒpjʊˈleɪʃən, pɒpjuːˈleɪʃən/ • *n* elanikkond, rahvastik; populatsioon, asurkond; rahvaarv, elanike arv; üldkogum

pork /pɔːk, pɔɪk/ • *n* sealiha

port /pɔɹt, pɔːt/ ● *n* sadam; port; portvein
portrait /ˈpɔːtɹɪt, ˈpɔːtɹət/ ● *n* portree
Portug|al ● *n* Portugal **~uese** ● *adj* portugali ● *n* portugali keel
position /pəˈzɪʃ(ə)n/ ● *n* asend
post /pəʊst, poʊst/ ● *n* punkt
postpone /poʊstˈpoʊn/ ● *v* edasi lükkama
pot /pɒt, pɑt/ ● *n* pott
potato /pəˈteɪtəʊ, pəˈteɪtoʊ/ ● *n* (*pl* potatoes) kartul
pound /paʊnd/ ● *n* nael
poverty /ˈpɒvəti, ˈpɑːvɚti/ ● *n* vaesus
powder /ˈpaʊ.də(ɹ)/ ● *n* pulber
power /ˈpaʊə(ɹ), paɚ/ ● *n* võim; jõud; võimsus **~ful** ● *adj* võimas
praise /pɹeɪz/ ● *n* ülistamine ● *v* ülistama
pray /pɹeɪ/ ● *v* palvetama
prayer /pɹɛə(ɹ), pɹɛɚ/ ● *n* palve
preacher ● *n* jutlustaja
precious /ˈpɹɛʃəs/ ● *adj* väärtuslik
precise /pɹɪˈsaɪs/ ● *adj* täpne
predecessor /ˈpɹiːdɪsɛsə(ɹ), ˈpɹiːdɪsɛsɚ/ ● *n* eelkäija
predict /pɹɪˈdɪkt/ ● *v* ennustama **~ion** ● *n* ennustus
prefer /pɹɪˈfɜ, pɹɪˈfɜː/ ● *v* eelistama
prefix /ˈpɹiːfɪks/ ● *n* prefiks
pregnan|t /ˈpɹɛɡnənt/ ● *adj* rase, tiine **~cy** ● *n* rasedus
prejudice /ˈpɹɛdʒədɪs/ ● *n* eelarvamus

prepar|e /pɹɪˈpɛə, pɹɪˈpɛəɹ/ ● *v* valmistada, valmistama **~ation** ● *n* ettevalmistus
preserve /pɹəˈzɜːv, pɹəˈzɜv/ ● *n* looduskaitseala ● *v* säilitama
president /ˈpɹɛzɪdənt/ ● *n* president
pressure /ˈpɹɛʃə(ɹ)/ ● *n* rõhk
prevent /pɹɪˈvɛnt, pɹəˈvɛnt/ ● *v* ennetama
prey /pɹeɪ/ ● *n* saak
price /pɹaɪs, pɹʌɪs/ ● *n* hind ● *v* hindama
priest /pɹiːst/ ● *n* preester
prime /pɹaɪm/ ● *adj* esimene; parim; algarv
prince /pɹɪns, pɹɪnts/ ● *n* vürst; prints **~ss** ● *n* printsess
principle /ˈpɹɪnsɪpəl/ ● *n* põhimõte, printsiip
print /pɹɪnt/ ● *v* trükkima **~er** ● *n* printer
prison /ˈpɹɪzən/ ● *n* vangla
private /ˈpɹaɪvɪt/ ● *n* reamees
prize /pɹaɪz/ ● *n* auhind; võit; tasu; võistlus ● *v* väärtustama
pro /pɹəʊ, pɹoʊ/ ● *n* proff
probable /ˈpɹɑbəbl̩, ˈpɹɒbəbl̩/ ● *adj* tõenäoline
problem /ˈpɹɒbləm, ˈpɹɒblɪm/ ● *n* küsimus, takistus, kitsikus, mure, probleem; harjutus; mõistatus
procedure /pɹəˈsiːdʒə, pɹəˈsiːdʒɚ/ ● *n* kord
process /ˈpɹəʊsɛs, ˈpɹɑˌsɛs/ ● *n* protsess **~or** ● *n* protsessor
produc|er /pɹəˈdjuːsə, pɹəˈduːsɚ/ ● *n* produtsent **~t** ● *n* toode **~tive** ● *adj* produktiivne, viljakas; tootlik

profession /prəˈfɛʃən/ • *n* amet, elukutse
profitable • *adj* kasumlik
program /ˈprəʊɡræm, ˈproʊˌɡræm/ • *n* programm
programme (*British*) ▷ PROGRAM
progress /ˈprəʊɡrɛs, ˈprɑɡrɛs/ • *n* areng, progress; kulg, edenemine
prohibition /ˌprəʊ(h)ɪˈbɪʃən, ˌproʊ(h)ɪˈbɪʃən/ • *n* keeld
project /ˈprɒdʒɛkt, ˈprɑdʒˌɛkt/ • *n* projekt • *v* kujutama
promise /ˈprɒmɪs, ˈprɑmɪs/ • *n* lubadus • *v* lubama
promote /prəˈmoʊt, prəˈməʊt/ • *v* edutama, ülendama; edendama, promoma
pronoun /ˈprəʊnaʊn, ˈproʊˌnaʊn/ • *n* asesõna, pronoomen
pron|ounce /prəˈnaʊns/ • *v* hääldama **~unciation** • *n* hääldus
proof /pruːf, pruf/ • *n* tõestus, tõend
proposal /prəˈpoʊzəl, prəˈpəʊzəl/ • *n* ettepanek
prosecutor /ˈprɒsəˌkjuːtər/ • *n* prokurör, süüdistaja
protect /prəˈtɛkt/ • *v* kaitsma **~ion** • *n* kaitse
protein /ˈprəʊtiːn, ˈproʊtiːn/ • *n* proteiin, lihtvalk; valk
prove /pruːv/ • *v* (*sp* proved, *pp* proven) tõestama
proved (*sp/pp*) ▷ PROVE
proven (*pp*) ▷ PROVE
province /ˈprɒvɪns, ˈprɑvɪns/ • *n* maakond
provision /prəˈvɪʒən/ • *v* hankima

psychiatr|y /saɪˈkaɪ.əˌtri/ • *n* psühhiaatria **~ic** • *adj* psühhiaatriline
psycholog|y /saɪˈkɒlədʒi, saɪˈkɑlədʒɪ/ • *n* psühholoogia **~ical** • *adj* psühholoogiline **~ist** • *n* psühholoog
pub /pʌb, pʊb/ • *n* pubi, kõrts, trahter, baar
public /ˈpʌblɪk/ • *n* avalikkus
publish /ˈpʌblɪʃ/ • *v* kirjastama; levitama **~er** • *n* kirjastaja
pull /pʊl/ • *v* tõmbama
pump /pʌmp/ • *n* pump
pumpkin /ˈpʌmpkɪn/ • *n* kõrvits
punctuation /ˌpʌŋk.tʃuˈeɪ.ʃən/ • *n* kirjavahemärgid, vahemärgid
punish /ˈpʌnɪʃ/ • *v* karistama **~ment** • *n* karistus
pupil /ˈpjuːpəl/ • *n* õpilane
pure /pjʊə, ˈpjʊɪ/ • *adj* puhas, veatu; siiras
purple /ˈpɜː(r).pəl, ˈpɝpəl/ • *adj* purpurne
purse /pɜːs, pɝs/ • *n* rahakott, kukkur; käekott
push /pʊʃ/ • *v* tõukama
put /pʊt/ • *v* panema, asetama

Q

Qatar • *n* Katar
quality /ˈkwɒlɪti, ˈkwælɪti/ • *n* kvaliteet
quantity /ˈkwɒn.tɪ.ti, ˈkwɑn(t)ɪti/ • *n* kogus, kvantiteet; hulk

quarter /kwɔːtə, ˈk(w)ɔɪ.tɚ/ • *n* veerand, neljandik; kvartal; veerandaeg
queen /kwiːn/ • *n* kuninganna; lipp; emand; ema
query /ˈkwɪə.ɹi, ˈkwɪ.ɹi/ • *n* päring
question /ˈkwɛstʃən/ • *n* küsimus
queue /kjuː, kju/ • *n* järjekord
quick /kwɪk/ • *adj* nobe **~ly** • *adv* kiiresti
quiet /ˈkwaɪ.ɪt, ˈkwaɪ.ət/ • *adj* vaikne; tasane
quote /kwəʊt/ • *n* osundus • *v* osundama

R

rabbi /ˈɹæ.baɪ/ • *n* rabi
rabbit /ˈɹæbɪt, ˈɹæbət/ • *n* küülik
race /ɹeɪs/ • *n* rass
racism /ˈɹeɪsɪzm̩/ • *n* rassism
radical /ˈɹædɪkəl/ • *adj* kirjamärk
radio /ˈɹeɪdi.əʊ, ˈɹeɪdi.oʊ/ • *n* raadio **~ station** • *n* raadiosaatejaam, raadiojaam
radius /ˈɹeɪ.di.əs/ • *n* (*pl* radii) raadius
railway /ˈɹeɪlˌweɪ/ • *n* raudtee
rain /ɹeɪn/ • *n* vihm • *v* sadama
ran (*sp*) ▷ RUN
random /ˈɹændəm/ • *adj* juhuslik, suvaline • *n* suvakas
rang (*sp*) ▷ RING
range /ɹeɪndʒ/ • *n* muutumispiirkond
rape /ɹeɪp/ • *n* vägistamine, vägistus • *v* vägistama

rare /ɹɛə, ɹeəɹ/ • *adj* haruldane, erakordne
rat /ɹæt/ • *n* rott
rate /ɹeɪt/ • *n* proportsioon
rather /ˈɹɑːðə, ˌɹɑːˈðɜː(ɹ)/ • *adv* ennem
raven /ˈɹeɪvən/ • *n* kaaren, ronk, korp
raw /ɹɔː, ɹɒ/ • *adj* toores
ray /ɹeɪ/ • *n* kiir
reach /ɹiːtʃ/ • *n* ulatus
read /ɹid, ɹiːd/ • *v* (*sp* read, *pp* read) lugema, vaata; kuulma; omandama **~er** • *n* lugeja **~ing** • *n* lugemine
realize /ˈɹiː.ə.laɪz, ˈɹɪə.laɪz/ • *v* taipama, aru saama
reason /ˈɹiːzən/ • *n* põhjus
rebellion /ɹɪˈbɛli.ən/ • *n* mäss
receive /ɹɪˈsiːv/ • *v* saama
recent /ˈɹiːsənt/ • *adj* äsjane, hiljutine
reception /ɹɪˈsɛp.ʃn̩/ • *n* vastuvõtt
recipe /ˈɹɛs.ɪ.pi/ • *n* retsept
recruitment • *n* värbamine
recycling • *n* jäätmekäitlus
red /ɹɛd/ • *adj* punane • *n* punane
reduce /ɹɪˈdjuːs, ɹɪˈduːs/ • *v* taandama
reference /ˈɹɛf.(ə)ɹəns, ˈɹɛfəɹəns/ • *n* referents; soovitus; viide; allikas • *v* viitama
referendum /ˌɹɛfəˈɹɛndəm/ • *n* (*pl* referenda) referendum
reform /ɹɪˈfɔɹm/ • *n* reform
refrigerator /ɹɪˈfɹɪdʒəˌɹeɪtə, ɹɪˈfɹɪdʒəˌɹeɪɾɚ/ • *n* külmik, külmutuskapp
refugee /ˈɹɛfjʊdʒiː/ • *n* pagulane

| regime | 46 | robber |

regime /rəˈʒiːm/ • *n* kord
regional /ˈriːdʒənəl/ • *adj* piirkondlik
regulation • *n* määrus
reindeer /ˈreɪndɪə, ˈreɪndɪr/ • *n* põhjapõder, poro, karibu
relati|on /rɪˈleɪʃən/ • *n* suhe **~ve** • *adj* suhteline, relatiivne • *n* sugulane
relevant /ˈrɛləvənt/ • *adj* seotud, asjakohane
relief /rɪˈliːf/ • *n* reljeef
religion /rɪˈlɪdʒən/ • *n* religioon
reluctance • *n* vastumeelsus
remember /rɪˈmɛmbə, ˈmɛmbər/ • *v* mäletama
repair /rɪˈpɛə, rɪˈpɛr/ • *v* taastama
repeat /rɪˈpiːt/ • *v* kordama
replace /rɪˈpleɪs/ • *v* asendama
report /rɪˈpɔːt, rɪˈpɔːrt/ • *n* aruanne
representative /ˌrɛprɪˈzɛntətɪv/ • *n* esindaja
republic /rɪˈpʌblɪk/ • *n* vabariik
Republican /rɪˈpʌblɪkən/ • *adj* vabariiklik • *n* vabariiklane, republikaan
repulsion • *n* tõukejõud
request /rɪˈkwɛst/ • *n* tellimus • *v* paluma, soovima
resentment • *n* pahameel, meelepaha
reserve /rɪˈzɜːv, rɪˈzɜːrv/ • *n* varumine
resident /ˈrɛzɪd(ə)nt/ • *n* asukas, elanik
resolution /ˌrɛzəˈluːʃ(ə)n, ˌrɛzəˈl(j)uʃ(ə)n/ • *n* otsus
resort /rɪˈzɔː(r)t/ • *n* kuurort
respectively • *adv* vastavalt

responsibility /rɪˌspɒnsəˈbɪlɪti/ • *n* vastutus
rest /rɛst/ • *n* puhkus; jääk • *v* puhkama
restaurant /ˈrɛs.t(ə).rõ, ˈrɛs.t(ə)ˌrɒnt/ • *n* restoran
restore /rɪˈstɔː, rɪˈstɔːr/ • *v* ennistama
restrictive • *adj* piiravate
result /rɪˈzʌlt/ • *n* tulemus, resultaat
return /rɪˈtɜːn, rɪˈtʃɜːn/ • *v* naasma
reveal /rɪˈviːl/ • *v* paljastama
revenge /rɪˈvɛndʒ/ • *n* kättemaks
revolution /ˌrɛvəˈl(j)uːʃən/ • *n* revolutsioon
reward /rɪˈwɔːd/ • *n* autasu • *v* autasustama
Reykjavik • *n* Reykjavík
rhinoceros /raɪˈnɒsərəs, raɪˈnɑːsərəs/ • *n* ninasarvik
rhythm /ˈrɪ.ð(ə)m/ • *n* rütm
ribbon /ˈrɪbən/ • *n* lint, pael, riba
rice /raɪs/ • *n* riis
rich /rɪtʃ/ • *adj* rikas
ridge /rɪdʒ/ • *n* seljak, seljandik
ridicul|ously • *adv* naeruväärselt **~e** • *v* naeruvääristama, pilkama
rifle /ˈraɪfəl/ • *n* vintpüss
right /raɪt, reɪt/ • *adj* otse; õige; parem • *n* õigus
ring /rɪŋ/ • *n* rõngas; sõrmus; ring
ripe /raɪp/ • *adj* küps; valmis
ritual /ˈrɪ.tʃu.əl/ • *n* rituaal
river /ˈrɪvə, ˈrɪvər/ • *n* jõgi
road /rəʊd, roʊd/ • *n* tee, maantee
roasted /ˈroʊstɪd/ • *adj* röstitud
robber /ˈrɒ.bə(r), ˈrɑbər/ • *n* röövel

robin /ˈrɒb.ɪn, ˈrɑb.ɪn/ • *n* punarind
robot /ˈrəʊbɒt, ˈroʊbɑt/ • *n* robot
rocket /ˈrɑkɪt, ˈrɒkɪt/ • *n* rakett
rollercoaster /ˈroʊləˌkoʊstə/ • *n* Ameerika mäed
Romania • *n* Rumeenia **~n** • *n* rumeenia
Rom|e • *n* Rooma **~an** • *adj* rooma
roof /ruːf/ • *n* katus
room /ruːm, rʊm/ • *n* tuba
rooster /ˈruːstə, ˈrʊstər/ • *n* kukk, kikas
root /ruːt, rʊt/ • *n* juur
rope /rəʊp, roʊp/ • *n* köis
rose /rəʊz, roʊz/ • *n* roosipõõsas; roos; roosa
rough /rʌf/ • *adj* kare; ligilähedane
roulette • *n* rulett
row /rəʊ, roʊ/ • *n* rivi; rida • *v* aerutama
royal /rɔɪəl/ • *adj* kuninglik
rubber /ˈrʌbə(r), ˈrʌbər/ • *n* kummi; kondoom, kumm
ruby • *n* rubiin
rude /ruːd, rud/ • *adj* jäme; rõve
rugby /ˈrʌɡbi/ • *n* ragbi
ruin /ˈruːɪn, ˈruːɪn/ • *n* vare
rule /ruːl/ • *n* juhis **~r** • *n* joonlaud; riigivalitseja
run /rʌn, rʊn/ • *v* (*sp* ran, *pp* run) jooksma
rung (*pp*) ▷ RING
Russia • *n* Venemaa **~n** • *adj* vene • *n* venemaalane *f*; venelane *f*, venelanna *f*; vene keel, vene
rust /rʌst/ • *n* rooste **~y** • *adj* roostes

S

sack /sæk/ • *n* kott
sacred /ˈseɪkrɪd/ • *adj* puhä
sacrifice /ˈsækrɪfaɪs/ • *n* ohverdus • *v* ohverdama; loovutama
sad /sæd/ • *adj* kurb **~ness** • *n* kurbus
safe /seɪf/ • *adj* ohutu, turvaline • *n* seif **~ty** • *n* ohutus
said (*sp/pp*) ▷ SAY
sail /seɪl/ • *n* puri **~or** • *n* madrus, meremees
salad /ˈsæləd/ • *n* salat
salary /ˈsæləri/ • *n* palk
sale /seɪl/ • *n* müük
salmon /ˈsæmən, ˈsælmən/ • *n* (*pl* salmon) lõhe
salt /sɔːlt, sɔlt/ • *adj* soolane; soola- • *n* sool • *v* soolata
same /seɪm/ • *adj* sama; samasugune • *pron* sama
San Marino • *n* San Marino
sanction /ˈsæŋkʃən/ • *n* sanktsioon
sand /sænd/ • *n* liiv
sandwich /ˈsæn(d)wɪdʒ, ˈsæn(d)wɪtʃ/ • *n* võileib, sandvitš
sang (*sp*) ▷ SING
sank (*sp*) ▷ SINK
sat (*sp/pp*) ▷ SIT
satellite /ˈsætəlaɪt/ • *n* satelliit
Saturday • *n* laupäev
sauce /sɔs, sɔːs/ • *n* kaste
Saudi Arabia • *n* Saudi Araabia

saw /sɔː, sɔ/ ● *n* saag ● *(also)* ▷ SEE

sawed *(sp/pp)* ▷ SAW

sawn *(pp)* ▷ SAW

say /seɪ/ ● *v* (*sp* said, *pp* said) ütlema

scale /skeɪl/ ● *n* soomus ● *v* mõõtmestama

scan /skæn/ ● *v* otsima; skännima **~ner** ● *n* skanner; skaneerija

scandal /ˈskændəl/ ● *n* skandaal

scar /skɑɹ, skɑː(ɹ)/ ● *n* arm

scarce /skeəs, skeəɹs/ ● *adj* napp

scarf /skɑːf, skɑːɹf/ ● *n* (*pl* scarves) sall

scarlet /ˈskɑːlɪt, ˈskɑːɹlɪt/ ● *n* sarlakpunane, ergav

scarves *(pl)* ▷ SCARF

scenery /ˈsiːnəɹi/ ● *n* maastik; kulissid, lavadekoratsioonid

school /skul, skuːl/ ● *n* kool

scien|ce /ˈsaɪəns/ ● *n* teadus **~tific** ● *adj* teaduslik **~tist** ● *n* teadlane

scissors /ˈsɪzəz, ˈsɪzɚz/ ● *n* käärid

scope /skəʊp, ˈskoʊp/ ● *n* ulatus

score /skɔː, skɔɹ/ ● *n* hinnang; kakskümmend; partituur ● *v* murdejooni tegema; punktiarvet suurendama; skoorima

scorpion /ˈskɔːpiən, ˈskɔɹpiən/ ● *n* skorpion

scrape /skɹeɪp/ ● *v* kriipima, kraapima, kraapama, kraapsima; kaapima, kaabitsema, kõõpima; kriimustama

scratch /skɹætʃ/ ● *v* sügama, kratsima; kriimustama

scream /skɹiːm, skɹim/ ● *v* hüüdma, karjuma

screen /skɹiːn, skɹin/ ● *n* ekraan

screw /skɹuː/ ● *n* kruvi **~driver** ● *n* kruvikeeraja

script /skɹɪpt/ ● *n* käsikiri; trükikiri

sculpture ● *n* skulptuur

sea /siː/ ● *n* meri

seal /siːl/ ● *n* hüljes; tihend

search /sɜːtʃ, sɜɹtʃ/ ● *n* otsimine, otsing ● *v* otsima

season /ˈsiːzən, ˈsizən/ ● *n* aastaaeg; hooaeg ● *v* maitsestama

seat /siːt/ ● *n* iste

second /ˈsekənd, ˈsek.(ə)nd/ ● *adj* teine ● *n* sekund ● *v* toetama **~ly** ● *adv* teiseks

secret /ˈsiːkɹɪt, ˈsiːkɹət/ ● *n* saladus

secretary /ˈsek.ɹə.tə.ɹi, ˈsekɹəteɹi/ ● *n* sekretär

security /sɪˈkjʊəɹəti, səˈkjɔɹ.ɪ.ti/ ● *n* ohutus

see /siː/ ● *v* (*sp* saw, *pp* seen) nägema **~ you** ● *phr* näeme, nägemiseni

seed /siːd/ ● *n* seeme; sperma ● *v* külvama, seemendama

seek /siːk/ ● *v* (*sp* sought, *pp* sought) otsima

seen *(pp)* ▷ SEE

seldom /ˈseldəm/ ● *adv* harva

select /sɪˈlekt/ ● *v* valima

sell /sel/ ● *v* (*sp* sold, *pp* sold) müüma

senator /ˈsen.ə.tə, ˈsen.ə.tɚ/ ● *n* senaator

send /send/ ● *v* (*sp* sent, *pp* sent) saatma

| Senegal | 49 | sidewalk |

Senegal • *n* Senegal
senior /ˈsinjɚ/ • *adj* vanem
sensor /ˈsɛn.sə, ˈsɛn.sɚ/ • *n* andur
sent *(sp/pp)* ▷ SEND
sentence /ˈsɛntəns/ • *n* kohtuotsus; süüdimõistmine; lause
Serbia • *n* Serbia **~n** • *adj* serbia; serbiakeelne • *n* serblane; serbia keel
serv|ant /ˈsɜːvənt, ˈsɝvənt/ • *n* teenija, sulane **~ice** • *n* teenus; teenistus; serviis; jumalateenistus • *v* teenindama; hooldama
session /ˈsɛʃən/ • *n* istung, seanss
set /sɛt/ • *n* hulk **~ sb/sth up** • *adj* valmis • *v* paigaldama; korrastama; põhjustama; püüdma; kallutama; tahkuma
setup • *n* seaded; seadistus; lavastus
seven /ˈsɛv.ən/ • *num* seitse **~teen** • *num* seitseteist **~th** • *adj* seitsmes **~ty** • *num* seitsekümmend
several /ˈsɛv(ə)ɹəl/ • *det* mitu; mõni; eri
sex /sɛks/ • *n* seks, suguühe; sugu **~ual** • *adj* sugu-, seksuaalne **~uality** • *n* seksuaalsus
shadow /ˈʃædoʊ, ˈʃædəʊ/ • *n* vari **~y** • *adj* hämar
shame /ʃeɪm/ • *n* häbi
shape /ʃeɪp/ • *n* kuju, vorm
share /ʃɛə, ʃɛəɹ/ • *n* osak
shark /ʃɑɪk, ʃɑːk/ • *n* hai
sharpen /ˈʃɑɹpin/ • *v* teravdama
shat *(sp)* ▷ SHIT

she /ʃiː, ʃi/ • *pron* tema
sheep /ʃip, ʃiːp/ • *n* (*pl* sheep) lammas
sheet /ʃiːt, ʃit/ • *n* leht
shelf /ʃɛlf/ • *n* (*pl* shelves) riiul
shell /ʃɛl/ • *n* koor, karp, koda, kilp; munakoor; kaun; kest; granaat
shelves *(pl)* ▷ SHELF
ship /ʃɪp/ • *n* laev
shirt /ʃɨt, ʃɜːt/ • *n* särk
shit /ʃɪt/ • *n* sitt, pask • *v* (*sp* shit, *pp* shit) sittuma
shitted *(sp/pp)* ▷ SHIT
shod *(sp/pp)* ▷ SHOE
shoe /ʃuː, ʃu/ • *n* king • *v* (*sp* shod, *pp* shod) rautama **~lace** • *n* jalanõu pael, papukese pael, saapapael, kingapael
shoed *(sp/pp)* ▷ SHOE
shoot /ʃuːt/ • *v* (*sp* shot, *pp* shot) tulistama
shop /ʃɒp, ʃɑp/ • *n* pood, kauplus **~ping** • *n* ostud
shore /ʃɔː, ʃɔɹ/ • *n* kallas, rand
short /ʃɔːt, ʃɔɹt/ • *adj* lühike • *n* lühis • *v* lühistama; lühistuma **~s** • *n* šortsid
shoulder /ˈʃəʊldə, ˈʃoʊldɚ/ • *n* õlg
shout /ʃaʊt, ʃʌʊt/ • *v* hüüdma
show /ʃəʊ, ʃoʊ/ • *v* (*sp* showed, *pp* shown) näitama
showed *(sp/pp)* ▷ SHOW
shower /ˈʃaʊ.ə(ɹ), ˈʃaʊ.ɚ/ • *n* dušš
shown *(pp)* ▷ SHOW
shrimp /ʃɹɪmp/ • *n* (*pl* shrimp) krevett
shut /ʃʌt/ • *v* (*sp* shut, *pp* shut) sulgema
sidewalk /ˈsaɪdwɔːk/ • *n* sillutis

sign	50	society

sign /saɪn/ • *v* alla kirjutama, signeerima
signal /ˈsɪgnəl/ • *n* signaal
signature /ˈsɪgnətʃə, ˈsɪgnətʃɚ/ • *n* allkiri
silence /ˈsaɪ.ləns/ • *n* vaikus
silk /sɪlk/ • *n* siid
silver /ˈsɪl.və, ˈsɪl.vɚ/ • *adj* hõbedane • *n* hõbe
simple /ˈsɪmpəl/ • *adj* lihtne
sin /sɪn/ • *n* patt • *v* pattu tegema
sincere /sɪnˈsɪə(ɹ)/ • *adj* siiras
sing /sɪŋ/ • *v* (*sp* sang, *pp* sung) laulma **~er** • *n* laulja *m*, laulik *m*; lauljanna *f*, lauljatar *f*
Singapore • *n* Singapur
sink /sɪŋk/ • *n* valamu, kraanikauss • *v* (*sp* sank, *pp* sunk) vajuma; uputama
sir /ˈsɜː(ɹ), ˈsɝ/ • *n* härra
sister /ˈsɪs.tə, ˈsɪs.tɚ/ • *n* õde, sõsar **~-in-law** • *n* käli; nadu
sit /sɪt/ • *v* (*sp* sat, *pp* sat) istuma; püsima
site /saɪt/ • *n* sait, leht, veebileht
six /sɪks/ • *num* kuus **~teen** • *num* kuusteist **~th** • *adj* kuues **~ty** • *num* kuuskümmend
size /saɪz/ • *n* suurus
ski /skiː, ʃiː/ • *n* suusk, suusad • *v* suusatama
skill /skɪl/ • *n* oskus
skin /skɪn/ • *n* nahk
skirt /skɜːt, skɝt/ • *n* hõlm
skull /skʌl/ • *n* kolju, pealuu, kolp
skunk /skʌŋk/ • *n* skunk, vinuk
sky /skaɪ/ • *n* taevas **~scraper** • *n* pilvelõhkuja

slap • *n* hoobiga
slave /sleɪv/ • *n* ori **~ry** • *n* orjus
sleep /sliːp, slip/ • *n* uni • *v* (*sp* slept, *pp* slept) magama
sleeve /sliːv/ • *n* varrukas, käis
slept (*sp/pp*) ▷ SLEEP
slice /slaɪs/ • *n* viilukas, viil • *v* lõikama
slit /slɪt/ • *n* pilu
slogan /ˈsloʊgən, ˈsləʊg(ə)n/ • *n* tunnuslause, reklaamlause, moto loosung
slope /sloʊp, sləʊp/ • *n* kili
sloth /slɒθ, sləʊθ/ • *n* laiskus; laiskloom
Slovakia • *n* Slovakkia
Slovenia • *n* Sloveenia
slovenly /ˈslʌv.ən.li, ˈslʊv.ən.li/ • *adj* lohe, hoolitsemata
slow /sləʊ, sloʊ/ • *adj* aeglane
small /smɔːl, smɒl/ • *adj* väike
smart /smɑɹt, smɑːt/ • *adj* nutikas
smell /smɛl/ • *n* lõhn • *v* (*sp* smelt, *pp* smelt) haistma
smelled (*sp/pp*) ▷ SMELL
smelt (*sp/pp*) ▷ SMELL
smile /ˈsmaɪl/ • *n* naeratus • *v* naeratama
smok|e /sməʊk, smoʊk/ • *n* suits; sigaret, pläru, tobi, plotski • *v* suitsetama; suitsema; suitsutama **~ing** • *n* suitsutamine
snake /ˈsneɪk/ • *n* madu
snow /snəʊ, snoʊ/ • *n* lumi; lumivalge **~man** • *n* lumememm
soap /soʊp, səʊp/ • *n* seep
soccer /ˈsɒk.ə, ˈsɑk.ɚ/ • *n* jalgpall
society /səˈsaɪ.ə.ti/ • *n* ühiskond

sock   51   spin

sock /sɑk, sɒk/ • *n* sokk
sodium /ˈsəʊdɪəm, ˈsoʊdi.əm/ • *n* naatrium
sofa /ˈsoʊfə, ˈsəʊfə/ • *n* sohva
software /ˈsɒftˌweə, ˈsɔːftˌweɹ/ • *n* tarkvara
soil /sɔɪl/ • *n* muld
sold *(sp/pp)* ▷ SELL
soldier /ˈsəʊldʒə, ˈsoʊldʒɚ/ • *n* sõdur, sõjaväelane
solidarity • *n* solidaarsus
solution /səˈl(j)uːʃən/ • *n* lahus; lahendus
Somalia • *n* Somaalia
some|one /ˈsʌmwʌn/ • *pron* keegi **~thing** • *pron* midagi **~times** • *adv* vahel
son /sʌn/ • *n* poeg
song /sɒŋ, sɔŋ/ • *n* laul
soon /suːn/ • *adv* varsti, peagi
sorry /ˈsɔɹi, ˈsɒɹi/ • *adj* kahju *interj* vabandust, andestust, andeks, sorry
sort /sɔːt, sɔɹt/ • *n* sort, liik • *v* järjestama
sought *(sp/pp)* ▷ SEEK
soul /səʊl, soʊl/ • *n* hing
sound /saʊnd/ • *n* heli
soup /suːp, sup/ • *n* supp
sour /ˈsaʊ(ə)ɹ, ˈsaʊə/ • *adj* hapu
south /saʊθ, sʌʊθ/ • *adv* lõunas • *n* lõuna **~west** • *n* edel **~east** • *n* kagu
South Africa • *n* Lõuna-Aafrika, LAV
South Sudan • *n* Lõuna-Sudaan
sovereignty /ˈsɒv.ɹən.ti/ • *n* suveräänsus
Soviet /ˈsəʊ.vi.ət, ˈsoʊ.vi.ət/ • *adj* nõukogude

sow /saʊ/ • *n* emis • *v (sp sowed, pp sown)* külvama
sowed *(sp/pp)* ▷ SOW
sown *(pp)* ▷ SOW
space /speɪs/ • *n* maailmaruum; tühik; sõnavahe; ruum
Spa|in • *n* Hispaania **~nish** • *adj* hispaania • *n* hispaania keel
spam /spæm/ • *n* spämm • *v* spämmima
spark /spɑːk, spɑːk/ • *n* säde
spat *(sp/pp)* ▷ SPIT
speak /spiːk, spik/ • *v (sp spoke, pp spoken)* rääkima **~er** • *n* rääkija, kõneleja; kõlar, valjuhääldi; spiiker
special /ˈspɛ.ʃəl/ • *adj* eri-; eriline
specif|y /ˈspɛsɪfaɪ/ • *v* täpsustama **~ic** • *adj* kindel; eriline; omane; eri-
specta|tor /spɛkˈteɪtə, ˈspɛktɛɪtɚ/ • *n* pealtvaataja **~cles** • *n* prillid
spectrum /ˈspɛktɹəm, ˈspɛkt(ʃ)ɹəm/ • *n* spekter
sped *(sp/pp)* ▷ SPEED
speech /spiːtʃ/ • *n* kõne
speed /spiːd/ • *n* kiirus
speeded *(sp/pp)* ▷ SPEED
spell /spɛl/ • *n* loits • *v (sp spelt, pp spelt)* veerima
spelled *(sp/pp)* ▷ SPELL
spelt *(sp/pp)* ▷ SPELL
spher|e /sfɪə, sfɪɹ/ • *n* sfäär, kera **~ical** • *adj* sfääriline
spicy • *adj* pikantne
spider /ˈspaɪdə, ˈspaɪdɚ/ • *n* ämblik
spin /spɪn/ • *v (sp spun, pp spun)* ketrama

spine /spaɪn/ • *n* selgroog
spirit /ˈspɪrɪt, ˈspiːrɪt/ • *n* hing; vaim; viin, piiritus **~ual** • *adj* vaimne
spit /spɪt/ • *n* maasäär • *v* (*sp* spat, *pp* spat) sülitama
spite /spaɪt/ • *n* vahkviha; tusk, meelehärm
spoke (*sp*) ▷ SPEAK
spokesman • *n* pressiesindaja
spoon /spuːn, spʊn/ • *n* lusikas **~ful** • *n* lusikatäis
sport /spɔːt, spoːt/ • *n* sport
spouse /spaʊs/ • *n* abikaasa
sprang (*sp*) ▷ SPRING
spring /sprɪŋ/ • *n* kevad; allikas, läte, veesilm; vedru
sprung (*pp*) ▷ SPRING
spun (*sp/pp*) ▷ SPIN
spy /spaɪ/ • *n* spioon
squad /skwɒd, ˈskwɑːd/ • *n* jagu
square /skweə(r), skweər/ • *n* ruut; väljak, plats
squid /skwɪd/ • *n* (*pl* squid) kalmaar
squirrel /ˈskwɪrl, ˈskwɜːrl/ • *n* orav
Sri Lanka • *n* Sri Lanka
stab|le /ˈsteɪ.bəl/ • *adj* stabiilne • *n* tall **~ility** • *n* stabiilsus
stack /stæk/ • *n* pinu
stadium /ˈsteɪ.di.əm/ • *n* staadion
stage /steɪdʒ/ • *n* lava
stair /steər, steə/ • *n* trepp **~case** • *n* trepp
stand /stænd, æ/ • *v* (*sp* stood, *pp* stood) seisma
standard /ˈstændəd, ˈstændərd/ • *n* standard; norm
star /stɑː(r), stɑɪ/ • *n* täht **~fish** • *n* meritäht

state /steɪt/ • *n* riik **~ment** • *n* väide
station /ˈsteɪʃən/ • *n* jaam, peatus
statistics /stəˈtɪstɪks/ • *n* statistika
statue /ˈstæ.tʃuː/ • *n* kuju
status /ˈsteɪt.əs, ˈstæt.əs/ • *n* seisund; olek
statute /ˈstætʃuːt/ • *n* põhikiri
stay /steɪ/ • *n* viivitus • *v* jääma, viibima; viivitama
steak /steɪk/ • *n* steik, biifsteek
steal /stiːl/ • *v* (*sp* stole, *pp* stolen) varastama
steam /stiːm/ • *n* aur
steel /stiːl/ • *n* teras
steer /stɪə(r)/ • *v* juhtima; karjatama **~ing wheel** • *n* rool
step /step/ • *n* samm
stern /stɜːn, stɜːrn/ • *n* ahter
stick /stɪk/ • *n* kepp **~y** • *adj* kleepuv
still /stɪl/ • *adj* paigal
Stockholm • *n* Stockholm
stole (*sp*) ▷ STEAL
stolen (*pp*) ▷ STEAL
stomach /ˈstʌmək/ • *n* kõht, magu **~ache** • *n* kõhuvalu
stone /stəʊn, stoʊn/ • *n* kivi
stood (*sp/pp*) ▷ STAND
stop /stɒp, stɑp/ • *n* peatus
store /stɔː, stɔː/ • *n* ladu
stork /stɔːk, stɔːk/ • *n* toonekurg
storm /stɔːm, stɔːm/ • *n* torm **~y** • *adj* tormine
story /ˈstɔː.ri/ • *n* lugu
strand /strænd/ • *n* rand
strange /streɪndʒ/ • *adj* imelik
strategy /ˈstrætədʒi/ • *n* strateegia; tegevusplaan

straw /strɔː, strɔ/ • *n* õlekõrs; põhk
stream /striːm/ • *n* oja
street /striːt, ʃtriːt/ • *n* tänav
strength /streŋ(k)θ, striŋ(k)θ/ • *n* tugevus
stress /strɛs/ • *v* rõhutama
strike /straik/ • *n* streik
string /striŋ/ • *n* nöör; rida; sõne; keel; keelpillid
stroke /strəʊk, stroʊk/ • *v* silitama
strong /strɒŋ, ʃtrɒŋ/ • *adj* tugev
struck *(sp/pp)* ▷ STRIKE
strung *(sp/pp)* ▷ STRING
stuck *(sp/pp)* ▷ STICK
student /ˈstjuːdənt, ˈstuːdn̩t/ • *n* üliõpilane, tudeng, õpilane
stupid /ˈstjuːpɪd, ˈst(j)upɪd/ • *adj* rumal, loll, nõme
stylish /ˈstailɪʃ/ • *adj* maitsekas
subject /ˈsʌb.dʒɛkt, ˈsʌb.dʒɪkt/ • *n* alus; aine, teema; alam
subscription • *n* tellimus
suburb /ˈsʌbɜː(r)b/ • *n* äärelinn, agul
success /səkˈsɛs/ • *n* edu **~ful** • *adj* edukas, õnnestunud
such /sʌtʃ/ • *det* selline, niisugune
suck /sʌk, sʊk/ • *v* imema, lutsima
Sudan • *n* Sudaan
sudden /ˈsʌdn̩/ • *adj* äkiline **~ly** • *adv* äkki
suffix /ˈsʌfɪks/ • *n* sufiks
sugar /ˈʃʊɡə(r), ˈʃʊɡɚ/ • *n* suhkur; kullake
suggest /səˈdʒɛst, səɡˈdʒɛst/ • *v* soovitama **~ion** • *n* ettepanek

suicide /ˈs(j)uːɪˌsaɪd, ˈs(j)uɪˌsaɪd/ • *n* enesetapp; enesetapja; enesehävitus
suit /s(j)uːt, s(j)ut/ • *n* kostüüm
summer /ˈsʌmə(r), ˈsʌmɚ/ • *n* suvi
summit /ˈsʌmɪt/ • *n* tipp, mäetipp; tippkohtumine
sun /sʌn/ • *n* päike **~ny** • *adj* päikseline **~shine** • *n* päikesepaiste
Sunday • *n* pühapäev
sung *(pp)* ▷ SING
sunk *(pp)* ▷ SINK
superficial • *adj* pinnapealne **~ly** • *adv* pealiskaudselt
supermarket /ˌsuːpəˈmɑːkɪt/ • *n* supermarket
supp|ly /səˈplaɪ/ • *n* varustus • *v* varustama **~ement** • *n* täiendus
support /səˈpɔːt, səˈpɔrt/ • *n* tugi; abi
surg|eon /ˈsɜːdʒən, ˈsɜdʒən/ • *n* kirurg **~ical** • *adj* kirurgiline; kirurgilise täpsusega; väga täpne
Suriname • *n* Suriname
surprise /səˈpraɪz, sɚˈpraɪz/ • *n* üllatus
surrender /səˈrɛndə(r)/ • *n* allaandmine • *v* loovutama; alistuma
surround /səˈraʊnd/ • *v* ümbritsema
survey /ˈsɜːveɪ, ˈsɜveɪ/ • *v* uurima
sustain /səˈsteɪn/ • *v* alal hoidma **~able** • *adj* jätkusuutlik, kestlik; säästev

swallow /ˈswɒl.əʊ, ˈswɑ.loʊ/ • *n* pääsuke, pääsulind • *v* neelama

swam *(sp)* ▷ SWIM

swan /swɒn, swɑn/ • *n* luik

Swaziland • *n* Svaasimaa

sweat /swɛt/ • *n* higi

sweated *(sp/pp)* ▷ SWEAT

sweater /ˈswɛtə, ˈswɛtər/ • *n* sviiter

Swed|en • *n* Rootsi **~ish** • *adj* rootsi; rootsi keel

sweep /swiːp/ • *v* (*sp* swept, *pp* swept) pühkima

sweet /swiːt, swɪt/ • *adj* magus

swept *(sp/pp)* ▷ SWEEP

swift /swɪft/ • *n* piiritaja

swim /swɪm/ • *v* (*sp* swam, *pp* swum) ujuma

swing /swɪŋ/ • *n* kiik, kiiged

switch /swɪtʃ/ • *n* lüliti

Swi|tzerland • *n* Šveits **~ss** • *adj* sveitsi • *n* sveitslane

sword /sɔːd, sɔːd/ • *n* mõõk

swum *(pp)* ▷ SWIM

swung *(sp/pp)* ▷ SWING

symbol /ˈsɪmbəl/ • *n* sümbol **~ic** • *adj* sümboolne; tähistav

symptom /ˈsɪm(p)təm/ • *n* sümptom

Syria • *n* Süüria

system /ˈsɪstəm/ • *n* menetlus, süsteem

T

table /ˈteɪbəl/ • *n* laud; tabel

tadpole /ˈtædpoʊl/ • *n* kulles

tag /tæg, teɪg/ • *n* kull, kullimäng, läts

tail /teɪl/ • *n* saba

Taiwan • *n* Taiwan

Tajikistan • *n* Tadžikistan

take /teɪk/ • *v* (*sp* took, *pp* taken) võtma

taken *(pp)* ▷ TAKE

talent /ˈtælənt, ˈtalənt/ • *n* talent

tall /tɔːl, tɒl/ • *adj* pikk, kõrge

tank /tæŋk/ • *n* tank

Tanzania • *n* Tansaania

tap /tæp/ • *n* kraan

taste /teɪst/ • *n* maitse

taught *(sp/pp)* ▷ TEACH

taxi /ˈtæk.si/ • *n* takso

tea /ti, tiː/ • *n* tee **~pot** • *n* teekann **~spoon** • *n* teelusikas

teach /tiːtʃ/ • *v* (*sp* taught, *pp* taught) õpetama **~er** • *n* õpetaja

team /tiːm/ • *n* meeskond

tear /tɛə, tɛər/ • *n* pisar

technology /tɛkˈnɒlədʒi, tɛkˈnɑlədʒi/ • *n* tehnoloogia, tehnika

teenager /ˈtiːnˌeɪ.dʒə(r)/ • *n* teismeline

teeth *(pl)* ▷ TOOTH

telephone /ˈtɛlɪfəʊn, ˈtɛləfoʊn/ • *n* telefon

telescope /ˈtɛlɪskəʊp, ˈtɛləˌskoʊp/ • *n* teleskoop

television /ˈtɛlɪˌvɪʒən/ • *n* televisioon; televiisor, teler

tell /tɛl/ • *v* (*sp* told, *pp* told) ütlema

temperature /ˈtɛmp(ə)rətʃə(r)/ • *n* temperatuur

ten /tɛn, tɪn/ • *num* kümme

tend /tɛnd/ • *v* kippuma

tennis /ˈtɛ.nɪs/ • *n* tennis **~player** • *n* tennisist

tense /tɛns/ • *adj* pingne, pinev; pinguletõmmatud • *n* ajavorm, aeg, tempus • *v* pinguldama, pingulduma

tent /tɛnt, tɪnt/ • *n* telk

term /tɜːm, tɜm/ • *n* tingimus; mõiste, termin; suhe; poolaasta; liidetav **~inology** • *n* terminoloogia

terrible /ˈtɛ.rə.b(ə)l/ • *adv* kohutav

territory /ˈtɛr.ɪ.tɔri, ˈtɛrɪt(ə)ri/ • *n* territoorium, ala

terroris|m /ˈtɛrəɪzəm/ • *n* terrorism **~t** • *n* terrorist

testimony /ˈtɛstɪmoʊni, ˈtɛstɪməni/ • *n* tunnistus

text /tɛkst/ • *n* tekst **~book** • *n* õpik

Thai|land • *n* Tai **~** • *n* Tai

than /ðæn, ðən/ • *prep* kui

thanks /θæŋks/ • *interj* tänan, aitäh

Thanksgiving • *n* tänupühad

that /ðæt, ðət/ • *conj* et

the /ðiː, ði/ • *art* see

theater /ˈθi(ə)tɚ, ˈθi.eɪ.tɚ/ • *n* teater

theatre *(British)* ▷ THEATER

theft /θɛft/ • *n* vargus

theory /ˈθɪəri, ˈθiːəri/ • *n* teooria

therapy /ˈθɛr.ə.pi/ • *n* ravi, teraapia

there /ðɛə(r), ðɛɚ/ • *adv* seal, sinna **~fore** • *adv* sellepärast

these /ðiːz, ðiz/ • *det* need

they /ðeɪ/ • *pron* nemad, nad; tema, see

thief /θiːf/ • *n* varas

thigh /θaɪ/ • *n* reis

thin /θɪn/ • *adj* peen, peenike; aher, õhuke; kõhn, kõhna, sale; vedel, lahja

thing /θɪŋ/ • *n* asi, ese

think /θɪŋk/ • *v* mõtlema

third /θɜːd, θɜd/ • *adj* kolmas • *n* kolmandik; terts

thirst /θɜːst, θɜst/ • *n* janu

thirteen /ˈθɜːˌtiːn, ˈθɜ(t).tin/ • *num* kolmteist

thirty /ˈθɜːti, ˈθɜti/ • *num* kolmkümmend

this /ðɪs/ • *det* see

thought /θɔːt, θɔt/ • *n* mõte

thousand /ˈθaʊz(ə)nd/ • *num* tuhat

thread /θrɛd/ • *n* lõng, niit

three /θriː, θri/ • *num* kolm

threshold /ˈθrɛʃ(h)əʊld, ˈθrɛʃ(h)oʊld/ • *n* künnis

threw *(sp)* ▷ THROW

throat /θrəʊt, θroʊt/ • *n* kurk; kõri; kael

throw /θrəʊ, θroʊ/ • *v* *(sp* threw, *pp* thrown*)* heitma

thrown *(pp)* ▷ THROW

thumb /θʌm/ • *n* pöial

thunder /ˈθʌndə, ˈθʌndɚ/ • *n* kõu

Thursday • *n* neljapäev

tick /tɪk/ • *n* puuk

ticket /ˈtɪkɪt/ • *n* pilet

tiger /ˈtaɪɡɚ, ˈtaɪɡə/ • *n* tiiger

tight /taɪt/ • *adj* tihe

till /tɪl/ • *conj* kuni

time /taɪm, taem/ • *n* aeg; kestus; vangistus; kell; hetk;

kord • *v* aega võtma; ajastama
timid /ˈtɪmɪd/ • *adj* pelglik
tin /tɪn/ • *n* tina
tip /tɪp/ • *n* jootraha
tired /taɪəd, taɪəd/ • *adj* väsinud
tit /tɪt/ • *n* tiss
to /tuː, tu/ • *prep* enne
toad /toʊd, təʊd/ • *n* kärnkonn
tobacco /təˈbækoʊ/ • *n* tubakas
today /təˈdeɪ/ • *adv* täna
toe /təʊ, toʊ/ • *n* varvas
together /tʊˈgɛð.ə(ɹ), tʊˈgɛðɚ/ • *adv* kokku, koos
toilet /ˈtɔɪ.lət/ • *n* tualett; klosett, vets, kemps, kemmerg, peldik, käimla; WC-pott, pott
Tokyo • *n* Tokyo
told *(sp/pp)* ▷ TELL
tomato /təˈmætoː, təˈmɑːtəʊ/ • *n* tomat
tomorrow /təˈmɒɹəʊ, təˈmɒɹoʊ/ • *adv* homme
ton /tʌn/ • *n* tonn
tongue /tʌŋ, tʊŋ/ • *n* keel
tonight /təˈnaɪt/ • *adv* täna õhtul • *n* tänane õhtu
too /tuː, tu/ • *adv* samuti, ka
took *(sp)* ▷ TAKE
tool /tuːl/ • *n* tööriist; vahend; instrumentaalprogramm; riist • *v* viimistlema; varustama; rügama **~kit** • *n* tööriistakomplekt, töökomplekt
tooth /tuːθ, tʊθ/ • *n* (*pl* teeth) hammas
top /tɒp, tɑp/ • *n* vurr, vurrkann; aktiivne
topic /ˈtɒpɪk, ˈtɑpɪk/ • *n* teema
tore *(sp)* ▷ TEAR

torn *(pp)* ▷ TEAR
torture /ˈtɔɪtʃɚ, ˈtɔːtʃə(ɹ)/ • *n* piinamine
touch /tʌtʃ/ • *n* puudutus • *v* puudutama
touris|t /ˈtʊəɹɪst, ˈtʊɹ.ɪst/ • *n* turist **~m** • *n* turism
towel /taʊl/ • *n* rätik
tower /ˈtaʊ.ə(ɹ), ˈtaʊɚ/ • *n* torn
town /taʊn/ • *n* linn
toxic /ˈtɒk.sɪk, ˈtɑk.sɪk/ • *adj* mürgine, toksiline
toy /tɔɪ/ • *n* mänguasi
trade /tɹeɪd/ • *n* kaubandus **~r** • *n* kaupmees
tradition /tɹəˈdɪʃən/ • *n* traditsioon, tava, komme, pärimus
traffic /ˈtɹæfɪk/ • *n* liiklus
trailer /ˈtɹeɪlə(ɹ), ˈtɹeɪlɚ/ • *n* haagis
train /tɹeɪn/ • *n* rong
transcription /tɹænˈskɹɪpʃən/ • *n* transkriptsioon
transformation /ˌtɹæns.fɔɹˈmeɪ.ʃən, ˌtɹæns.fə(ɹ)ˈmeɪ.ʃən/ • *n* teisendus
translat|e /tɹɑːnzˈleɪt, ˈtɹænzleɪt/ • *v* tõlkima **~ion** • *n* tõlge **~or** • *n* tõlk
transmi|t /tɹænsˈmɪt/ • *v* edasi andma **~ssion** • *n* ülekanne
transportation /ˌtɹænspɔːˈteɪʃən, ˌtɹænspɚˈteɪʃən/ • *n* transportimine
trap /tɹæp/ • *n* püünis, lõks
trash /tɹæʃ/ • *n* rämps
travel /ˈtɹævəl/ • *n* reisimine • *v* sõitma **~ler** • *n* rändaja
tray /tɹeɪ/ • *n* kandik

treasure /ˈtɾɛʒɚ, ˈtɾɛʒə/ • *n* aare
treaty /ˈtɾiːti, ˈtɾiːdi/ • *n* leping
tree /tɾiː, tɾi/ • *n* puu
trendy /ˈtɾɛndi/ • *adj* moekas
tribe /tɾaɪb/ • *n* hõim
trick /tɾɪk/ • *n* vemp, temp, trikk
~y • *adj* keeruline, täbar; kaval, petlik
trigger /ˈtɾɪɡə/ • *v* päästikustama
trillion /ˈtɾɪljən/ • *num* biljon; triljon
trip /tɾɪp/ • *n* retk
trophy /ˈtɾoʊfi/ • *n* trofee
trout /tɾaʊt, tɾʌʊt/ • *n* forell
truck /tɾʌk/ • *n* veoauto
truly /ˈtɾuːli/ • *adv* ausalt
trust /tɾʌst/ • *n* usaldus
truth /tɾuːθ/ • *n* tõde, tõed, tõsi
try /tɾaɪ/ • *v* proovima, üritama
tsunami /suːˈnɑːmi, suˈnɑmi/ • *n* tsunami
Tuesday • *n* teisipäev
tumor /tjuːˈmə, tuːˈməɹ/ • *n* kasvaja
Tunisia • *n* Tuneesia
tunnel /ˈtʌn(ə)l/ • *n* tunnel
turkey /ˈtɜːki, ˈtəːki/ • *n* kalkun
Turk|ey /ˈtɜːki, ˈtəːki/ • *n* Türgi
~ish • *adj* türgi • *n* türgi keel
Turkmenistan • *n* Türkmenistan
turn /tɜːn, tɜn/ • *v* pöörlema, pöörduma **~ sth off** • *v* kustutama; ära keerama, maha keerama
turnover • *n* käive
twelve /twɛlv/ • *num* kaksteist
twent|y /ˈtwɛnti, ˈtwʌnti/ • *num* kakskümmend **~ieth** • *adj* kahekümnes
twice /twaɪs/ • *adv* kaks korda

twin /twɪn/ • *n* kaksik
twisted /ˈtwɪstɪd/ • *adj* keerdunud
two /tuː, tu/ • *n* kaks
type /taɪp/ • *n* liik **~writer** • *n* kirjutusmasin
typical /ˈtɪpɪkəl/ • *adj* tüüpiline
typography /taɪˈpɒɡɹəfi, taɪˈpɑːɡɹəfi/ • *n* tüpograafia
tyre /taɪə(ɹ)/ • *n* rehv

U

UAE *(abbr)* ▷ UNITED ARAB EMIRATES
UFO • *n* *(abbr* Unidentified Flying Object*)* ufo
Uganda • *n* Uganda
ugly /ˈʌɡli/ • *adj* inetu
UK *(abbr)* ▷ UNITED KINGDOM
Ukrain|e • *n* Ukraina **~ian** • *n* ukrainlane; ukraina
ultimate /ˈʌltɪmɪt, ˈʌltəmɪt/ • *adj* ülim
ultimatum /ˌʌl.tɪˈmeɪ.təm/ • *n* (*pl* ultimata) ultimaatum
umbrella /ʌmˈbɹɛlə/ • *n* vihmavari
uncle /ˈʌŋ.kəl/ • *n* onu
understand /(ˌ)ʌndəˈstænd, ˌʌndɚˈstænd/ • *v* mõistma; aru saama **~ing** • *n* mõistmine
unemploy|ed • *adj* töötu **~ment** • *n* tööpuudus
unfortunately • *adv* kahjuks

uniform /ˈjuːnɪfɔːm, ˈjunəfɔrm/ ●
  adj ühetaoline ● *n* univorm;
  Uuno
union /ˈjuːnjən/ ● *n* liit
unit /ˈjuːnɪt/ ● *n* ühik; üksus
unity /ˈjuːnɪti/ ● *n* ühtsus,
  üksmeel
United Arab Emirates ● *n*
  Araabia Ühendemiraadid,
  Ühendemiraadid, Emiraadid
United Kingdom ● *n*
  Suurbritannia,
  Ühendkuningriik,
  Suurbritannia ja Põhja-Iiri
  Ühendkuningriik
United States ● *n* Ühendriigid
universe /ˈjuːnɪˌvɜːs, ˈjuːnəˌvɜrs/ ● *n*
  universum
university /ˌjuːnɪˈvɜːsəti:,
  juniˈvɜrsəti/ ● *n* ülikool
unnecessary /ʌnˈnɛ.sə.s(ə)ɹɪ,
  ʌnˈnɛ.səˌsɛ.ɹi/ ● *adj* liigne
until /ʌnˈtɪl/ ● *prep* kuni
update /ʌpˈdeɪt, əpˈdeɪt/ ● *v*
  aktualiseerima, uuendama
Uranus ● *n* Uranos; Uraan
Uruguay ● *n* Uruguay
USA *(abbr)* ▷ UNITED STATES
use /juːs, juːz/ ● *n* kasutama ~**ful**
  ● *adj* kasulik ~**less** ● *adj*
  tarbetu ~**r** ● *n* tarbija;
  väärtarbija; kasutaja;
  ärakasutaja
utility /juːˈtɪl.ɪ.ti/ ● *adj* kasulikkus
Uzbekistan ● *n* Usbekistan

V

vacation /vəˈkeɪʃ(ə)n, veɪˈkeɪʃən/ ●
  n puhkus; vabastamine;
  tühistamine, annuleerimine
vaccin|e /ˈvæksiːn/ ● *n* vaktsiin
  ~**ate** ● *v* vaktsineerima,
  kaitsepookimist tegema
  ~**ation** ● *n* vaktsineerimine
vague /veɪɡ, væɡ/ ● *adj*
  ebamäärane; ebaselge;
  ähmane
valid ● *adj* põhjendatud;
  korrektne, õigustatud
valley /ˈvæli/ ● *n* org
value /ˈvælju:, ˈvælju/ ● *n* väärtus;
  vältus; eredus; väärtused
van /væn/ ● *n* furgoon, pakiauto
vanish /ˈvænɪʃ/ ● *v* kaduma,
  haihtuma, hääbuma
variable /ˈvɛəɹ.i.ə.bl̩, ˈvæɹ.i.ə.bl̩/ ●
  adj muutuja
vast /vɑːst, væst/ ● *adj* tohutu,
  ääretu, suur
Vatican City ● *n* Vatikan
vegetable /ˈvɛdʒtəbəl, ˈvɛdʒətəbəl/
  ● *n* köögivili, aedvili
vein /veɪn/ ● *n* veen
Venezuela ● *n* Venezuela
venture /ˈvɛn.tʃɚ, ˈvɛn.tʃə/ ● *n*
  ettevõtmine
Venus ● *n* Veenus; Venus
verb /vɜb, vɜːb/ ● *n* tegusõna,
  pöördsõna, verb
version /ˈvɜʒən, ˈvɜːʒən/ ● *n*
  versioon
vertical /ˈvɜːtɪkəl, ˈvɜrtɪkəl/ ● *adj*
  vertikaal
very /ˈvɛɹi/ ● *adv* väga
viable /ˈvaɪəbəl/ ● *adj*
  eluvõimeline, elujõuline;
  elluviidav
victory /ˈvɪkt(ə)ɹi/ ● *n* võit

video /ˈvɪdɪˌoʊ/ • *n* video
Vienna • *n* Viin
Vietnam • *n* Vietnam **~ese** • *adj* vietnami • *n* vietnamlane; vietnami
view /vjuː/ • *n* vaade; vaateväli; kujutis; ettekujutus; arusaam; seisukoht; oletus • *v* vaatlema
village /ˈvɪlɪdʒ/ • *n* küla
violence /ˈvaɪələns, ˈvaɪəˌlɛns/ • *n* vägivald
virus /ˈvaɪ(ə)rɪs/ • *n* viirus; arvutiviirus
visa /ˈviːzə/ • *n* viisa
visibility /ˌvɪz.əˈbɪl.ɪ.ti/ • *n* nähtavus
visit /ˈvɪzɪt/ • *n* külastus, visiit • *v* külastama **~or** • *n* külastaja
vision /ˈvɪ.ʒ(ə)n/ • *n* nägemine; nägemus; ilmutus
vitamin /ˈvɪt.ə.mɪn, ˈvaɪ.tə.mm/ • *n* vitamiin
voice /vɔɪs/ • *n* hääl; tegumood
volcano /vɒlˈkeɪməʊ, vɑlˈkeɪnoʊ/ • *n* vulkaan, tulemägi
volunteer /ˌvɒl.ənˈtɪɹ, ˌvɒl.ənˈtɪə/ • *n* vabatahtlik
vote /vəʊt, voʊt/ • *n* hääletamine • *v* valima, hääletama **~r** • *n* hääletaja
vulture /ˈvʌltʃə, ˈvʌltʃɚ/ • *n* kaeluskotkas

W

wage /weɪdʒ/ • *n* palk
waist /weɪst/ • *n* vöökoht; kesktekk
wait /weɪt/ • *v* ootama
waiter /ˈweɪtə, ˈweɪt̬ɚ/ • *n* kelner
wake up • *v* ärkama
walk /wɔːk, wɔk/ • *n* jalutuskäik • *v* kõndima **~er** • *n* kõndija
wall /wɔːl, wɔl/ • *n* müür; sein
walnut /ˈwɔlnət, ˈwɔːlnʌt/ • *n* kreeka pähklipuu; kreeka pähkel; pähklipuu
want /wɒnt, wɑnt/ • *v* tahtma, soovima
war /wɔː, wɔɹ/ • *n* sõda **~rior** • *n* sõdalane
wardrobe /ˈwɔːdɹəʊb, ˈwɔːdɹoʊb/ • *n* riidekapp
warehouse • *n* ladu
warm /wɔːm, wɔɹm/ • *adj* soe
warn /wɔːn, wɔɹn/ • *v* hoiatama **~ing** • *n* hoiatus
Warsaw • *n* Varssavi
was (*sp*) ▷ BE
wash /wɒʃ, wɔʃ/ • *v* pesema **~ing machine** • *n* pesumasin
wasp /wɒsp, wɑsp/ • *n* herilane
waste /weɪst/ • *v* raiskama
watch /wɒtʃ, wɔtʃ/ • *n* kell, käekell • *v* vaatama
water /ˈwɔːtə, ˈwɒtə/ • *v* kastma; jootma
wave /weɪv/ • *n* laine
way /weɪ/ • *n* tee
we /wiː, wi/ • *pron* meie, me
weak /wiːk/ • *adj* nõrk
weapon /ˈwɛpən/ • *n* relv
wear /wɛə, wɛə(ɹ)/ • *v* (*sp* wore, *pp* worn) kandma
weasel /ˈwiːz(ə)l, ˈwizəl/ • *n* nirk
weather /ˈwɛðə, ˈwɛðɚ/ • *n* ilm

weave /wiːv/ • *v* (*sp* wove, *pp* woven) kuduma, kude
web /wɛb/ • *n* veeb **~site** • *n* veebisait
wedding /ˈwɛdɪŋ/ • *n* pulm, pulmad
Wednesday • *n* kolmapäev
weed /wiːd/ • *n* umbrohi
week /wik, wiːk/ • *n* nädal **~end** • *n* nädalavahetus
weep /wiːp/ • *v* (*sp* wept, *pp* wept) nutma, nuuksuma
weight /weɪt/ • *n* kaal; kaaluma
welcome /ˈwɛlkəm/ • *interj* tere tulemast!
well /wɛl/ • *adv* hästi; tõsiselt • *interj* no • *n* kaev
went (*sp*) ▷ GO
wept (*sp/pp*) ▷ WEEP
were (*sp*) ▷ BE
west /wɛst/ • *adv* läänes • *n* lääs
wet /wɛt/ • *adj* märg • *v* (*sp* wet, *pp* wet) märjaks tegema, niisutama
wetted (*sp/pp*) ▷ WET
whale /weɪl, ʍeɪl/ • *n* vaal
what /wɒt, ʍɒt/ • *det* mis • *interj* mida?, mis?, misasja?, kuidas? • *pron* mis, mida
wheat /wiːt, ʍiːt/ • *n* nisu
wheel /wiːl/ • *n* ratas; rooliratas, tüür, rool **~chair** • *n* ratastool
when /wɛn, ʍɛn/ • *adv* millal, kunas; kui
where /wɛə(ɹ), ʍɛə˞/ • *adv* kus
whip /wɪp, ʍɪp/ • *n* piitsutama
whiskey /ˈwɪski, ˈʍɪski/ • *n* viski; whiskey
whisper /ˈ(h)wɪspə, ˈ(h)wɪspə˞/ • *n* sosin • *v* sosistama
whistle /ˈwɪsl̩/ • *v* vilistama

white /waɪt, ʍaɪt/ • *adj* valge
who /huː/ • *pron* kes **~se** • *det* kelle; mille
why /waɪ, ʍaɪ/ • *adv* miks
wid|e /waɪd, wɑed/ • *adj* lai **~th** • *n* laius
widow /ˈwɪ.dəʊ, ˈwɪ.doʊ/ • *n* lesk **~er** • *n* leskmees
wife /waɪf/ • *n* (*pl* wives) naine
wild /waɪld/ • *adj* metsik
will /wɪl/ • *n* tahe; testament **~ing** • *adj* valmis, vabatahtlik
win /wɪn/ • *v* (*sp* won, *pp* won) võitma
wind /wɪnd, ˈwaɪnd/ • *n* tuul; puhitus • *v* (*sp* wound, *pp* wound) mässima, kerima
window /ˈwɪndəʊ, ˈwɪndoʊ/ • *n* aken *f*; ajavahemik
wine /waɪn/ • *n* vein; peet, peedivein; veinipunane
wing /wɪŋ/ • *n* tiib; pataljon, rügement; porikaitse
winter /ˈwɪntə, ˈwɪntə˞/ • *n* talv
wire /waɪə(ɹ), ˈwaɪə˞/ • *n* traat
wis|e /waɪz/ • *adj* tark **~dom** • *n* tarkus
wish /wɪʃ/ • *n* soov • *v* soovima
with /wɪð, wɪθ/ • *prep* -ga, koos, ühes **~out** • *prep* ilma + -ta
witness /ˈwɪtnəs/ • *n* tunnistaja
wives (*pl*) ▷ WIFE
wolf /wʊlf, wʌlf/ • *n* (*pl* wolves) susi, hunt
woman /ˈwʊmən/ • *n* (*pl* women) naine
womb /wuːm/ • *n* emakas
women (*pl*) ▷ WOMAN
won (*sp/pp*) ▷ WIN
wonder /ˈwʌndə, ˈwʌndə˞/ • *n* ime

wood /wʊd/ • *n* puit **~pecker** • *n* rähn
wool /wʊl/ • *n* vill
word /wɜːd, wɜ́d/ • *n* sõna
wore *(sp)* ▷ WEAR
work /wɜːk, wɜ́k/ • *n* töö; teos • *v* töötama **~er** • *n* töötaja **~shop** • *n* õpituba
works /wɜːks, wɜ́ks/ • *n* tehas
world /wɜːld, wɜ́ld/ • *n* maailm; maakera **~wide** • *adj* ülemaailmne • *adv* ülemaailmselt
worm /wɜːm, wɜ́m/ • *n* uss
worn *(pp)* ▷ WEAR
worthless /wɜ́θləs, wɜːθləs/ • *adj* väärtusetu
wound /wuːnd, wund/ • *n* haav *(also)* ▷ WIND
wove *(sp)* ▷ WEAVE
woven *(pp)* ▷ WEAVE
wren /rɛn/ • *n* käblik
wrinkle • *n* korts, kortsud
wrist /rɪst/ • *n* ranne
writ|e /raɪt/ • *v* (*sp* wrote, *pp* written) kirjutama; kirjanik olema, literaat olema **~er** • *n* kirjanik **~ing** • *n* kiri; kirjutis; kirjutamine; kirjatöö, teos; kirjutus-
wrote *(sp)* ▷ WRITE

X

X-ray • *n* Iks
xylophone /ˈzaɪ.ləˌfəʊn, ˈzaɪləˌfoʊn/ • *n* ksülofon

Y

yacht /jɒt, jɑt/ • *n* jaht
yard /jɑːd, jɑɪrd/ • *n* õu; jard
year /jɪə, jɪɪ/ • *n* aasta; kalendriaasta
yeast /jiːst, iːst/ • *n* pärm, pärmseened
yellow /ˈjɛl.əʊ, ˈjɛl.oʊ/ • *adj* kollane
Yemen • *n* Jeemen
yes /jɛs/ • *part* jah, jaa; ikka
yesterday /ˈjɛstədeɪ, ˈjɛstərdeɪ/ • *adv* eile • *n* eilnepäev
yogurt /ˈjɒɡət, ˈjoʊɡərt/ • *n* jogurt
you /juː, ju/ • *det* sina, sa, teie, te, Sina, Sa, Teie, Te; sina, sa • *v* teietama
young /jʌŋ/ • *adj* noor
your /jɔː, jɔːr/ • *det* sinu; su; teie

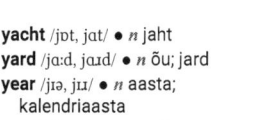

Z

zealous /ˈzɛl.əs/ • *adj* agar, innukas
zebra /ˈzɛbrə, ˈziːbrə/ • *n* sebra
zero /ˈzɪərəʊ, ˈzɪː(ˌ)oʊ/ • *num* null • *v* nullima
Zimbabwe • *n* Zimbabwe
zinc /zɪŋk/ • *n* tsink
zoo /zuː/ • *n* loomaaed

Estonian-English

A

aa • *interj* ah
aabe • *n* letter
aadel • *n* nobility
aadress • *n* address
Aafrika • *n* Africa • *adj* African
aaker • *n* acre
äär • *n* edge
aare • *n* treasure
äärelinn • *n* suburb
ääretu • *adj* vast
aas • *n* loop
aasia • *adj* Asian
Aasia • *n* Asia
aasialane • *n* Asian
aasta • *n* year
aastaaeg • *n* season
aastakümned • *n* decade
aastapäev • *n* anniversary
aatelik • *adj* noble
abi • *n* assistance, help, support
abielluma • *v* marry
abielu • *n* marriage
abielulahutus • *n* divorce
abikaasa • *n* husband, spouse
abiline • *n* help
abistama • *v* help
abort • *n* abortion
abstraktne • *adj* abstract
absurdne • *adj* absurd
administratsioon • *n* administration
adverb • *n* adverb
advokaat • *n* lawyer
aed • *n* garden
aednik • *n* gardener
aedvili • *n* vegetable
aeg • *n* tense, time
aeglane • *adj* slow
aegunud • *adj* dated
aerutama • *v* row
Afganistan • *n* Afghanistan

agar • *adj* zealous
äge • *adj* acute
agressioon • *n* aggression
agul • *n* suburb
ah • *interj* ah
ahel • *n* chain, path
ahendama • *v* minimize
aher • *adj* thin
ahi • *n* oven
ähmane • *adj* vague
ähmastama • *v* cloud
ahne • *adj* greedy
ahnus • *n* greed
ahter • *n* stern
ahv • *n* monkey
ahven • *n* perch
äi • *n* father-in-law
AIDS • *n* AIDS
aimdus • *n* idea
aine • *n* matter, subject
aines • *n* ingredient
ainult • *adv* alone
ainus • *adj* only
aitäh • *interj* thanks
aitama • *v* help
ajakiri • *n* magazine
ajakirjandus • *n* journalism
ajakirjanik • *n* journalist
ajalehepaber • *n* newspaper
ajaleht • *n* newspaper
ajaloolane • *n* historian
ajalooline • *adj* historic, historical
ajalugu • *n* history
ajastama • *v* time
ajastu • *n* era
ajavahemik • *n* window
ajaveeb • *n* blog
ajavorm • *n* tense
ajend • *n* cause
aju • *n* brain

akadeemia • *n* academy
aken • *n* window
äkiline • *adj* sudden
äkki • *adv* suddenly
aktiiv • *adj* active
aktiivne • *n* top
aktiivsus • *n* activity
aktiveerima • *v* enable
aktivist • *n* activist
aktualiseerima • *v* update
akusatiiv • *adj* accusative
ala • *n* field, territory
alaliselt • *adv* permanently
alam • *n* subject
alandlik • *adj* humble
alanduma • *v* descend
alasti • *adj* naked
alastiolek • *n* nakedness
alati • *adv* always
alatu • *adj* lousy
albaania • *adj* Albanian
Albaania • *n* Albania • *adj* Albanian
albaanlane • *n* Albanian
albaanlanna • *n* Albanian
albatross • *n* albatross
algarv • *adj* prime
algus • *n* beginning
alguspunkt • *n* base
alistuma • *v* surrender
alkash • *n* drunk
alkohol • *n* alcohol
alkoholism • *n* alcoholism
alkohoolik • *n* alcoholic, drunk
alkohoolne • *adj* alcoholic
all • *adv* below
alla • *prep* below
allaandmine • *n* surrender
allavoolu • *prep* below
allikas • *n* reference, spring
allkiri • *n* signature

allkorrusel 65 armuke

allkorrusel • *adv* below
allpool • *adv* below
alumiinium • *n* aluminium
alus • *n* base, basic, bed, cause, subject
alustama • *v* begin, launch, open
alustamine • *n* beginning
Alžeeria • *n* Algeria
ämber • *n* bucket
ämblik • *n* spider
ameerika • *adj* American
ameeriklane • *n* American
amet • *n* profession
ametlik • *adj* official
amm • *n* mum
ämm • *n* mother-in-law
ämmaemand • *n* midwife
Amsterdam • *n* Amsterdam
analoogia • *n* analogy
analüüs • *n* analysis
analüütik • *n* analyst
and • *n* gift
andekas • *adj* gifted
andeks • *interj* sorry
andestama • *v* forgive
andestust • *interj* sorry
andma • *v* accord, give
andmebaas • *n* database
andmed • *n* data
Andorra • *n* Andorra
andur • *n* sensor
angerjalised • *n* eel
angerjas • *n* eel
ängistus • *n* anxiety
ankur • *n* anchor
annetamine • *n* donation
annuleerimine • *n* vacation
annus • *n* dose
ansambel • *n* band
Antarktis • *n* Antarctica

apelsin • *n* orange
apelsinipuu • *n* orange
apetiit • *n* appetite
aplaus • *n* applause
aplus • *n* greed
app • *n* app
äpp • *n* app
appi • *interj* help
aprill • *n* April
ära • *adj* offline
araabia • *adj* Arab
araablane • *n* Arab
arahhis • *n* peanut
arahhispähkel • *n* peanut
ärakasutaja • *n* user
arendama • *v* develop
arenema • *v* develop, evolve, learn
areng • *n* progress
arg • *n* chicken
Argentiina • *n* Argentina
Argentina • *n* Argentina
argpüks • *n* chicken, coward
arhiiv • *n* archive
arhiivima • *v* file
arhitekt • *n* architect
arhitektuur • *n* architecture
äri • *n* business
ärimees • *n* businessman
ärinaine • *n* businesswoman
äriühing • *n* company
arje • *n* cry
ärkama • *v* wake up
arm • *n* mercy, scar
armadill • *n* armadillo
armastaja • *n* mistress
armastama • *v* fond, love
armastus • *n* love
armee • *n* army
Armeenia • *n* Armenia
armuke • *n* mistress

arst • *n* physician
arstirohi • *n* medicine
artikkel • *n* article
aru • *n* brain
aruanne • *n* account, report
arukus • *n* intelligence
arusaam • *n* view
arutlus • *n* discussion
arv • *n* number
arvamus • *n* idea, opinion
arvsõna • *n* numeral
arvustaja • *n* critic
arvustama • *v* criticize
arvustamine • *n* criticism
arvutaja • *n* computer
arvuti • *n* box, computer
arvutiviirus • *n* virus
asap • *adv* ASAP
ASAP • *adv* ASAP
ase • *n* bed
asend • *n* position
asendama • *v* replace
Aserbaidžaan • *n* Azerbaijan
asesõna • *n* pronoun
asetama • *v* put
asetus • *n* configuration
asi • *n* body, thing
asjakohane • *adj* relevant
asjalik • *adj* active
äsjane • *adj* recent
asjatundja • *n* authority, expert
asjatundmatus • *n* ignorance
assemblee • *n* assembly
aste • *n* base, degree
astronoom • *n* astronomer
astronoomia • *n* astronomy
asukas • *n* inhabitant, resident
asukoht • *n* location
asurkond • *n* population
asutaja • *n* founder
asutus • *n* body

Ateena • *n* Athens
atentaat • *n* assassination
atmosfäär • *n* atmosphere
au • *n* honor
august • *n* August
auhind • *n* award, prize
auk • *n* hole
aur • *n* steam
aus • *adj* honest
ausalt • *adv* truly
austraalia • *adj* Australian
Austraalia • *n* Australia • *adj* Australian
austraallane • *n* Australian
austraallanna • *n* Australian
Austria • *n* Austria
autasu • *n* reward
autasustama • *v* reward
auto • *n* automobile, car
autobuss • *n* bus
autojuht • *n* driver
automaatne • *adj* automatic
automatiseerimine • *n* automation
autonoomia • *n* autonomy
autor • *n* author
aval • *adj* open
avaldis • *n* expression
avaldumine • *n* expression
avalik • *adj* open
avalikkus • *n* public
avama • *v* open
avanema • *v* open
avanss • *n* advance
avarii • *n* accident
avatud • *adj* amiable, open

B

baar • *n* bar, pub
baarikapp • *n* bar
baas • *n* base, basis
Bahama • *n* Bahamas
Bahrein • *n* Bahrain
bakter • *n* bacteria
bakterid • *n* bacteria
ball • *n* ball
ballett • *n* ballet
banaan • *n* banana
bänd • *n* band
Bangladesh • *n* Bangladesh
Barbados • *n* Barbados
barjäär • *n* barrier
beebi • *n* baby
Belau • *n* Palau
Belgia • *n* Belgium
Belize • *n* Belize
bena • *n* gasoline
Benin • *n* Benin
bensiin • *n* gasoline
bents • *n* gasoline
Berliin • *n* Berlin
Bern • *n* Bern
betoon • *n* concrete
Bhutan • *n* Bhutan
biifsteek • *n* steak
biljon • *num* trillion
biograafia • *n* biography
bioloog • *n* biologist
bioloogia • *n* biology
Birma • *n* Myanmar
biskviit • *n* biscuit, cookie
blog • *n* blog
Boliivia • *n* Bolivia
Bosnia • *n* Bosnia
Botswana • *n* Botswana
Brasiilia • *n* Brazil
briti • *adj* British
britt • *n* British
Brunei • *n* Brunei
Brüssel • *n* Brussels
büdžett • *n* budget
bulgaaria • *adj* Bulgarian
Bulgaaria • *n* Bulgaria
bulgaarlane • *n* Bulgarian
bürokraatia • *n* bureaucracy
büroo • *n* office
Burundi • *n* Burundi
buss • *n* bus
buutima • *v* boot
buutimine • *v* boot

C

Colombia • *n* Colombia

D

daatum • *n* date
dateeritud • *adj* dated
dattel • *n* date
davai • *n* OK
deemon • *n* demon
deemonlik • *adj* demonic
definitsioon • *n* definition
delegatsioon • *n* delegation
delegeerima • *v* delegate

delfiin • *n* dolphin
demograafia • *n* demographic
demograafiline • *adj* demographic
demokraatia • *n* democracy
deposiit • *n* deposit
desertöör • *n* deserter
dessert • *n* dessert
detailne • *adj* elaborate
detektiiv • *n* detective
detsember • *n* December
diagnoos • *n* diagnosis
dialoog • *n* dialogue
diiler • *n* dealer
diivan • *n* couch
diktaator • *n* dictator
diktatuur • *n* dictatorship
diplomaat • *n* diplomat
diplomaatia • *n* diplomacy
diplomaatiline • *adj* diplomatic
direktor • *n* manager
disain • *n* design
disainer • *n* designer
diskrimineerimine • *n* discrimination
dividend • *n* dividend
diviis • *n* division
dokk • *n* documentary
doktor • *n* physician
doktriin • *n* doctrine
dokument • *n* document
dokumentaalfilm • *n* documentary
dollar • *n* dollar
draakon • *n* dragon
drillima • *v* drill
drink • *n* drink
Dublin • *n* Dublin
dušš • *n* shower
džäss • *n* jazz

E

eales • *adv* never
ebamäärane • *adj* vague
ebanormaalne • *adj* abnormal
ebaõnnestumine • *n* failure
ebaseaduslik • *adj* illegal
ebaselge • *adj* vague
ebatüüpiline • *adj* atypical
Ecuador • *n* Ecuador
edel • *n* southwest
edendama • *v* advance, promote
edenemine • *n* progress
Edinburgh • *n* Edinburgh
edu • *n* success
edukas • *adj* successful
edutama • *v* promote
edutu • *v* fail
ee • *interj* ah
eelarvamus • *n* prejudice
eelarve • *n* budget
eelistama • *v* prefer
eelkäija • *n* predecessor
eesel • *n* ass
eeskuju • *n* hero
eesmärk • *n* cause, goal
eesriie • *n* curtain
eesti • *adj* Estonian
Eesti • *n* Estonia • *adj* Estonian
Eestimaa • *n* Estonia
eestimaalane • *n* Estonian
eestlane • *n* Estonian
eestlanna • *n* Estonian
eetika • *n* ethics
egiptlane • *n* Egyptian
Egiptus • *n* Egypt
egiptuse • *adj* Egyptian

ehitaja • *n* builder
ehitama • *v* build, construct • *n* building
ehituskunst • *n* architecture
ehk • *adv* maybe, perhaps
ehted • *n* jewellery
ehtne • *adj* authentic
ei • *n* no • *adv* not
eile • *adv* yesterday
eilnepäev • *n* yesterday
ekraan • *n* screen
eksam • *n* examination
eksisteerima • *v* exist
ekspert • *n* expert
eksportima • *v* export
ekspressioon • *n* expression
elama • *v* live
elamine • *n* life
elamiskõlblik • *n* life
elamisväärne • *n* life
elamu • *n* house
elanik • *n* resident
elanikkond • *n* population
elav • *adj* active
elekter • *n* electricity
elektripirn • *n* light bulb
elektrivool • *n* current, electricity
elektroonika • *n* electronics
element • *n* element, entry
elev • *adj* excited
elevant • *n* elephant
elluviidav • *adj* viable
elu • *n* life
eluaeg • *n* life
eluaegne • *n* life
eluiga • *n* date
elujõuline • *adj* viable
elukutse • *n* profession
elulugu • *n* biography, memoir
elund • *n* organ

elus • *adj* alive
elusolend • *n* organism
elusorganism • *n* organism
eluteadus • *n* biology
eluvõimeline • *adj* viable
ema • *n* mother, mum, queen
emakas • *n* womb
emakeel • *n* mother tongue
emalik • *adj* maternal
emand • *n* queen
emane • *n* female
emapoolne • *adj* maternal
embama • *v* hug
Emiraadid • *n* United Arab Emirates
emis • *n* sow
Emma • *n* echo
emme • *n* mum
emotsioon • *n* emotion
enamik • *det* most
enampakkumine • *n* auction
enamus • *n* majority
endine • *adj* old
energia • *n* energy
enesehävitus • *n* suicide
enesetapja • *n* suicide
enesetapp • *n* suicide
enne • *prep* of, to
ennem • *adv* rather
ennetama • *v* prevent
ennistama • *v* restore
ennustama • *v* predict
ennustus • *n* prediction
ent • *conj* but
epideemia • *n* epidemic
epitsenter • *n* focus
erakordne • *adj* banner, extraordinary, rare
erand • *n* exception
erapooletu • *adj* impartial, neutral

eredus • *n* value
erektsioon • *n* erection
ergav • *n* scarlet
eri • *det* several
eriline • *adj* different, special, specific
eriliselt • *adv* especially
erinev • *adj* different, distinct
erinevus • *n* difference
eristamine • *n* differentiation
eristatav • *adj* distinct
erisugune • *adj* distinct
eriti • *adv* especially
Eritrea • *n* Eritrea
erivolinik • *n* commissioner
ese • *n* item, object, thing
esimene • *adj* first, prime
esindaja • *n* representative
esinema • *v* occur
esitama • *v* file
esivanem • *n* ancestor
eskalaator • *n* escalator
esmaspäev • *n* Monday
esteetika • *n* aesthetics
et • *conj* that
etikett • *n* label
Etioopia • *n* Ethiopia
ettekujutus • *n* imagination, view
ettemaks • *n* advance
ettepanek • *n* opinion, proposal, suggestion
ettevaatlik • *adj* careful, cautious, circumspect
ettevalmistus • *n* preparation
ettevõte • *n* company, enterprise
ettevõtja • *n* entrepreneur
ettevõtmine • *n* venture
eur • *n* euro
euro • *n* euro

euroopa • *adj* European
Euroopa • *n* Europe
eurooplane • *n* European
eurts • *n* euro
evolutsioon • *n* evolution
evolutsiooniline • *adj* evolutionary

F

faasan • *n* pheasant
fail • *n* file
fakt • *n* fact
faktoriaal • *n* factorial
fänn • *n* fan
fantastiline • *adj* fantastic
fantoom • *n* ghost
farm • *n* farm
feminism • *n* feminism
festival • *n* festival
Fidži • *n* Fiji
Filipiinid • *n* Philippines
film • *n* movie
filmimaterjal • *n* footage
filmitegija • *n* filmmaker
filosoof • *n* philosopher
filter • *n* filter
firma • *n* company
fookus • *n* focus
foon • *n* phone
foorum • *n* forum
forell • *n* trout
formular • *n* form
foto • *n* photograph
fotoaparaat • *n* camera
fotograaf • *n* photographer

fotograafia • *n* photography
fotografeerima • *v* photograph
fraas • *n* phrase
frantsiis • *n* franchise
friikad • *n* chip
friikartulid • *n* chip
frikadell • *n* meatball
funktsioon • *n* function
furgoon • *n* van
füüsika • *n* physics
füüsikaline • *adj* physical
füüsiline • *adj* physical

G

gaas • *n* gas
Gabon • *n* Gabon
galaktika • *n* galaxy
galerii • *n* gallery
Gambia • *n* Gambia
gangster • *n* gangster
garaaž • *n* garage
geen • *n* gene
geenius • *n* genius
gei • *adj* gay
geniaalsus • *n* genius
genotsiid • *n* genocide
geograafia • *n* geography
geograafiline • *adj* geographic
geomeetria • *n* geometry
Georgia • *n* Georgia
Ghana • *n* Ghana
gigant • *n* giant
glasuurima • *v* ice
globaalne • *adj* global
gloobus • *n* globe

go • *n* go
golf • *n* golf
graatsiline • *adj* graceful
granaat • *n* shell
gravitatsioon • *n* gravity
greibipuu • *n* grapefruit
greip • *n* grapefruit
greipfruut • *n* grapefruit
Grenada • *n* Grenada
grimm • *n* makeup
gripp • *n* flu
grupeerima • *v* group
grupp • *n* group
Gruusia • *n* Georgia
Guatemala • *n* Guatemala
Guinea • *n* Guinea
Gustav • *n* golf
Guyana • *n* Guyana

H

hääbuma • *v* vanish
haagis • *n* trailer
hääl • *n* voice
hääldama • *v* pronounce
hääldus • *n* pronunciation
hääletaja • *n* voter
hääletama • *v* vote
hääletamine • *n* vote
häälik • *n* phone
haav • *n* wound
haavaside • *n* bandage
habe • *n* beard
häbi • *n* shame
habras • *adj* fragile
hädaoht • *n* danger

hageja • *n* plaintiff
hai • *n* shark
haige • *adj* ill
haigla • *n* hospital
haigus • *n* disease, illness
haigushoog • *n* attack
haiguslugu • *n* history
haihtuma • *v* vanish
haistma • *v* smell
Haiti • *n* Haiti
hakk • *n* jackdaw
hakkama • *v* begin
halb • *adj* bad
haldama • *v* manage
haldamine • *n* administration
hall • *adj* gray
hallo • *interj* hello
halloo • *interj* hello
hallutsinatsioon • *n* hallucination
halvenema • *v* deteriorate
halvustama • *v* attack
hämar • *adj* shadowy
hambaarst • *n* dentist
hambakroon • *n* crown
hammas • *n* tooth
hammustama • *v* bite
hamster • *n* hamster
hang • *n* fork
hani • *n* goose
hankima • *v* provision
hape • *n* acid
hapendatud • *adj* acid
hapnik • *n* oxygen
happeline • *adj* acid
hapu • *adj* acid, sour
Harald • *n* hotel
härg • *n* ox
hari • *n* brush
haridus • *n* education
harilik • *adj* normal

haritlane • *n* intelligence
härjavõitlus • *n* bullfighting
harjumus • *n* custom, habit
harjutus • *n* exercise, problem
hark • *n* fork
härra • *n* gentleman, sir
harrastus • *n* hobby
haru • *n* branch
haruldane • *adj* rare
harva • *adv* seldom
hästi • *adj* OK • *adv* well
haud • *n* grave
haug • *n* pike
haugas • *n* hawk
hävitaja • *n* fighter
hea • *adj* good
heakskiitmine • *n* acceptance, approval
heeros • *n* hero
hei • *interj* hello, hey, hi
heide • *n* launch
hein • *n* hay
heitma • *v* launch, throw
heli • *n* sound
helikopter • *n* helicopter
helilooja • *n* composer
helistik • *n* key
Helsingi • *n* Helsinki
herilane • *n* wasp
hernes • *n* pea
heroiin • *n* heroin
hetk • *n* date, minute, moment, time
hierarhia • *n* hierarchy
higi • *n* sweat
hiiglane • *n* giant
hiina • *adj* Chinese
Hiina • *n* China
hiinlane • *n* Chinese
hiinlanna • *n* Chinese
hiinlased • *n* Chinese

hiir • *n* mouse
hiline • *adj* belated
hilinenud • *adj* belated
hilja • *adv* late
hiljutine • *adj* recent
hind • *n* price
hindama • *v* appreciate, evaluate, price
hing • *n* life, soul, spirit
hingama • *v* breathe
hingamine • *n* breathing
hinnang • *n* estimate, score
hinnasoodustus • *n* discount
hinnatõus • *n* hike
hinne • *n* grade
hirm • *n* fear
hirv • *n* deer
hispaania • *adj* Spanish
Hispaania • *n* Spain
hõbe • *n* silver
hõbedane • *adj* silver
hobu • *n* horse
hobune • *n* horse
hoiatama • *v* warn
hoiatus • *n* warning
hoidma • *v* hold
hoiduma • *v* avoid
hõim • *n* tribe
hõivatud • *adj* occupied
hoki • *n* hockey
Holland • *n* Netherlands
hollandi • *n* Dutch • *adj* Netherlands
hõlm • *n* skirt
hõlmama • *v* cover
homaar • *n* lobster
homme • *adv* tomorrow
hommik • *n* morning
hommikueine • *n* breakfast
hommikusöök • *n* breakfast
homo • *n* gay

homoseksuaal • *adj* gay
homoseksuaalne • *adj* gay
Honduras • *n* Honduras
hooaeg • *n* season
hoobiga • *n* slap
hooldama • *v* service
hooldus • *n* maintenance
hoolitsemata • *adj* slovenly
hoone • *n* building, house
hoov • *n* court
höövel • *n* plane
hööveldama • *v* plane
hoovus • *n* current
horisont • *n* horizon
horisontaalne • *adj* horizontal
horvaadi • *n* Croatian
horvaat • *n* Croatian
Horvaatia • *n* Croatia
Hr • *n* Mr.
hüään • *n* hyena
hukama • *v* execute
hülgama • *v* forsake
hüljes • *n* seal
hulk • *n* crowd, quantity, set
hull • *adj* crazy
humaansus • *n* humanity
hunt • *n* wolf
hüpe • *n* jump
hüppama • *v* jump, leap
hüüatus • *n* cry
hüüdma • *v* cry, scream, shout
hüüdsõna • *n* interjection
hüüe • *n* cry
huul • *n* lip
huulepulk • *n* lipstick
huumor • *n* humour
huvi • *n* interest
huvitav • *adj* interesting
hüvitis • *n* compensation

I

ida • *n* east
idakaar • *n* east
idamaine • *adj* eastern
idas • *adv* east
ideoloogia • *n* ideology
idioot • *n* idiot
iga • *n* age • *det* any
igapäevane • *adj* daily
igaüks • *pron* everybody
igavik • *n* eternity
ignorantsus • *n* ignorance
iha • *n* desire
ihe • *n* displacement
ihkav • *adj* hungry
ihu • *n* body
ihukaitsja • *n* bodyguard
iial • *adv* never
iidne • *adj* ancient
Iiri • *n* Ireland
Iirimaa • *n* Ireland
Iisrael • *n* Israel
iisraeli • *adj* Israeli
iisraellane • *n* Israeli
ikka • *part* yes
ikoon • *n* icon
Iks • *n* X-ray
illusioon • *n* illusion
ilm • *n* weather
ilmastikuteadus • *n* meteorology
ilme • *n* expression
ilmne • *adj* clear
ilmselge • *adj* obvious
ilmuma • *v* appear
ilmutus • *n* vision
ilu • *n* beauty
ilus • *adj* beautiful
ilutulestik • *n* firework
ilves • *n* lynx
ime • *n* miracle, wonder
imelik • *adj* strange
imeline • *adj* miraculous
imema • *v* suck
imendumine • *n* absorption
imetlus • *n* admiration
immigrant • *n* immigrant
immigratsioon • *n* immigration
impeerium • *n* empire
imperaator • *n* emperor
importima • *v* import
india • *adj* Indian
India • *n* India
indiaani • *adj* Indian
indiaanlane • *n* Indian
indialane • *n* Indian
indikaator • *n* indicator
indiviid • *n* individual
Indoneesia • *n* Indonesia
inetu • *adj* ugly
inflatsioon • *n* inflation
informatsioon • *n* information
infrastruktuur • *n* infrastructure
ingel • *n* angel
ingellik • *adj* angelic
inglane • *n* English
inglanna • *n* English
inglise • *adj* English
inimene • *n* man
inimese • *adj* human
inimesed • *n* people
inimkond • *n* humanity, mankind
inimlik • *adj* human, humane
inimlikkus • *n* humanity
inimsus • *n* humanity
innukas • *adj* zealous
insener • *n* engineer

instituut • *n* institute
instruktor • *n* instructor
instrumentaalprogramm • *n* tool
internet • *n* Internet
Internet • *n* Internet
intervjuu • *n* interview
intiimne • *adj* intimate
invasioon • *n* invasion
Iraak • *n* Iraq
Iraan • *n* Iran
iraani • *adj* Iranian
iraanlane • *n* Iranian
isa • *n* father
isamaa • *n* home
isand • *n* master
isaslind • *n* cock
ise • *adv* alone • *pron* myself • *phr* on one's own
iseäralik • *adj* peculiar
isegi • *adv* even
iseseisvus • *n* independence
isik • *n* person
isiklik • *adj* intimate
isikuline • *adj* active
islam • *n* Islam
Island • *n* Iceland
issi • *n* dad
istanbul • *n* Istanbul
iste • *n* seat
istekoht • *n* place
istuma • *v* sit
istung • *n* session
isu • *n* appetite
IT • *n* IT
itaalia • *adj* Italian
Itaalia • *n* Italy • *n* Italian
itaallane • *n* Italian
itaallased • *n* Italian
iva • *n* point

J

ja • *conj* and
jaa • *part* yes
jää • *n* ice
jääk • *n* rest
jaam • *n* station
jääma • *v* stay
jaanalind • *n* ostrich
jaanuar • *n* January
Jaapan • *n* Japan
jaapani • *adj* Japanese
jaapanlane • *n* Japanese
jaapanlanna • *n* Japanese
jaapanlased • *n* Japanese
jäätis • *n* ice cream
jäätmed • *n* garbage
jäätmekäitlus • *n* recycling
jagaja • *n* dealer
jagama • *v* divide
jagamine • *n* division
jagu • *n* squad
jah • *part* yes
jahiloom • *n* game
jahimees • *n* hunter
jahiuluk • *n* game
jaht • *n* hunt, yacht
jahtima • *v* hunt
jahu • *n* flour, meal
jahutama • *v* ice
jala • *phr* on foot
jalakäija • *n* pedestrian
jalam • *n* foot
jalavägi • *n* infantry
jalg • *n* foot, leg
jalgpall • *n* football, soccer
jalgratas • *n* bicycle, bike
jalgrattasõit • *n* cycling

| jalgsimatk | 76 | juut |

jalgsimatk • *n* hike
jälitama • *v* follow
jälle • *adv* again
jalutuskäik • *n* walk
Jamaica • *n* Jamaica
jäme • *adj* rude
jamps • *n* nonsense
jänes • *n* hare
janu • *n* thirst
jaotama • *v* allocate
jaotis • *n* distribution
jaotus • *n* distribution
jard • *n* yard
järgi • *prep* according to
järgima • *v* follow
järgmine • *adj* next
järgnema • *v* follow
järjekord • *n* queue
järjepidev • *adj* consistent
järjestama • *v* line, order, sort
järjestus • *n* combination
järv • *n* lake
jäse • *n* foot, limb
jätkama • *v* continue
jätkuma • *v* continue
jätkusuutlik • *adj* sustainable
Jeemen • *n* Yemen
jõelahk • *n* fork
jõgi • *n* river
jogurt • *n* yogurt
joodik • *n* alcoholic, drunk
jook • *n* drink
jooksma • *v* run
jooksul • *prep* during
jooma • *v* drink
joomine • *n* drink
jooming • *n* drink
joon • *n* line
joonis • *n* illustration
joonistama • *v* draw
joonistamine • *n* drawing

joonistus • *n* drawing
joonlaud • *n* ruler
jootma • *v* water
jootraha • *n* tip
Jordaania • *n* Jordan
Jordan • *n* Jordan
jõud • *n* power
jõulud • *n* Christmas
juba • *adv* already
juhataja • *n* manager
juhatama • *v* guide
juhis • *n* rule
juht • *n* driver, leader, manager
juhtima • *v* command, drive, manage, steer
juhtum • *n* instance, occurrence
juhtuma • *v* happen
juhuslik • *adj* random
julge • *adj* bold, brave
julgus • *n* courage
julgustama • *v* encourage
julm • *adj* cruel
jumal • *n* God • *n* god
jumalateenistus • *n* church, service
jumestus • *n* makeup
Jupiter • *n* Jupiter
jurisdiktsioon • *n* jurisdiction
jurist • *n* lawyer
jutlustaja • *n* preacher
jutustus • *n* narrative
juudi • *adj* Jewish
juuksed • *n* hair
juuksur • *n* hairdresser
juuli • *n* July
juuni • *n* June
juur • *n* root
juurutama • *n* deployment
juurviljaaed • *n* garden
juust • *n* cheese
juut • *n* Jew

K

ka • *adv* also, too
kaabitsema • *v* scrape
kaal • *n* weight
kaaluma • *n* weight
kaamel • *n* camel
kaamera • *n* camera
käänamine • *n* declension
kaaper • *n* pirate
kaapima • *v* scrape
kaardipakk • *n* deck
kaaren • *n* raven
käärid • *n* scissors
kaart • *n* card, map
kaas • *n* lid
kaasama • *v* attach
kaaslane • *n* date, fellow
kaastunne • *n* compassion
kaater • *n* launch
kabi • *n* hoof
kabiin • *n* box
käblik • *n* wren
kadedus • *n* envy
kaduma • *v* vanish
kaebealune • *n* defendant
käekell • *n* watch
käekott • *n* purse
kael • *n* neck, throat
kaelarihm • *n* collar
kaelkirjak • *n* giraffe
kaelus • *n* collar, neck
kaeluskotkas • *n* vulture
kaev • *n* well
kaevur • *n* miner
kagu • *n* southeast
kägu • *n* cuckoo
kahekõne • *n* dialogue
kaheksa • *num* eight
kaheksakümmend • *num* eighty
kaheksateist • *num* eighteen
kahekümnes • *adj* twentieth
kahju • *n* damage • *adj* sorry
kahjuks • *adv* unfortunately
kahvel • *n* fork
käik • *n* move
käil • *n* bow
käima • *v* move
käimla • *n* toilet
Kairo • *n* Cairo
käis • *n* sleeve
kaitse • *n* defense, protection
kaitsja • *n* defender
kaitsma • *v* defend, protect
käituma • *v* behave
käitumine • *n* behavior
käive • *n* turnover
käivitama • *v* launch
kaja • *n* echo
kakk • *n* owl
kaklema • *v* fight
kaks • *n* two
kaksik • *n* twin
kakskümmend • *n* score • *num* twenty
kaksteist • *num* twelve
kaktus • *n* cactus
kala • *n* fish
kalaluu • *n* bone
kalamees • *n* fisherman
kalapüük • *n* fishing
kalastamine • *n* fishing
kalender • *n* calendar
kalendriaasta • *n* year
kali • *n* beer
käli • *n* sister-in-law
kälimees • *n* brother-in-law
kalju • *n* cliff
kalkulaator • *n* calculator

kalkun • *n* turkey
kallaletung • *n* attack
kallaletungiv • *adj* aggressive
kallas • *n* bank, shore
kalli • *n* hug
kallis • *adj* expensive • *n* honey
kalliskivi • *n* jewel
kallistus • *n* hug
kallutama • *v* set up
kalmaar • *n* squid
kalmistu • *n* graveyard
Kambodža • *n* Cambodia
kameeleon • *n* chameleon
Kamerun • *n* Cameroon
kämmal • *n* palm
kampaania • *n* campaign
kana • *n* chicken
kanada • *adj* Canadian
Kanada • *n* Canada
kanadalane • *n* Canadian
kanal • *n* canal
kanaliha • *n* chicken
kand • *n* heel
kandik • *n* tray
kandma • *n* carry • *v* wear
kandoss • *n* condom
kanep • *n* cannabis
kangas • *n* fabric
kangaspuud • *n* loom
kangasteljed • *n* loom
kangelane • *n* hero
kangelanna • *n* heroine
kangelased • *n* hero
kantri • *n* country
kaos • *n* chaos
kaotama • *v* abolish, lose
kapital • *n* capital
kapitalism • *n* capitalism
kapiteel • *n* capital
kapp • *n* cupboard
kapsas • *n* cabbage

karakter • *n* character
kärbes • *n* fly
kärbest • *n* fly
karbitäis • *n* box
kardin • *n* curtain
kare • *adj* rough
karibu • *n* reindeer
kariloomad • *n* cattle
karistama • *v* punish
karistus • *n* punishment
karjäär • *n* career
karjatama • *v* steer
karjatus • *n* cry
karjuma • *v* cry, scream
kärnkonn • *n* toad
karp • *n* box, shell
kärsitu • *adj* nervous
kartma • *v* fear
kartul • *n* potato
kartulikrõpsud • *n* chip
kartus • *n* fear
karu • *n* bear
kärvama • *v* die
karvane • *adj* hairy
karvastik • *n* fur
kas • *conj* either
Kasahstan • *n* Kazakhstan
käsi • *n* arm, hand
kasiino • *n* casino
käsikiri • *n* manuscript, script
kasimatu • *adj* grubby
käsiraamat • *n* manual
käsitama • *v* conceive
käsk • *n* order
käskima • *v* order
kast • *n* bin
kaste • *n* sauce
kastma • *v* water
kasulik • *adj* useful
kasulikkus • *adj* utility
kasumlik • *adj* profitable

kasutaja • *n* user
kasutama • *n* use
kasvaja • *n* tumor
kasvama • *v* increase
Katar • *n* Qatar
katk • *n* plague
katkestamine • *v* abort
katkestus • *n* abort, open
katsas • *adj* eighth
katse • *n* attempt
katsetama • *v* attempt
kättemaks • *n* revenge
kättesaadav • *adj* accessible
katus • *n* roof
kaua • *adv* long
kaubandus • *n* commerce, trade
kaugus • *n* distance
kaun • *n* shell
kaunis • *adj* beautiful
kaup • *n* goods
kauplus • *n* shop
kaupmees • *n* merchant, trader
kauss • *n* bowl
kaustik • *n* notebook
kaval • *adj* tricky
kavand • *n* design
kavandaja • *n* architect
kavandama • *v* design
kavatsus • *n* idea, intention
keegel • *n* bowling
keegi • *det* any • *pron* anyone, someone
keel • *n* language, string, tongue
keelama • *v* forbid
keeld • *n* prohibition
keelpillid • *n* string
keelustama • *v* forbid
keemia • *n* chemistry
keemiline • *adj* chemical

Keenia • *n* Kenya
keerdunud • *adj* twisted
keerukus • *n* complexity
keeruline • *adj* difficult, tricky
keerulisus • *n* complexity
keetma • *v* cook
keha • *n* body
kehakate • *n* clothes
kehtiv • *adj* active
keiser • *n* emperor
keisririik • *n* empire
kelder • *n* cellar
kell • *n* bell, clock, time, watch
kelle • *det* whose
kelmus • *n* fraud
kelner • *n* waiter
kemikaal • *n* chemical
kemmerg • *n* toilet
kemps • *n* toilet
kena • *adj* nice
Kenya • *n* Kenya
kepp • *n* fuck, stick
keppima • *v* fuck
kera • *n* sphere
kere • *n* body
kerge • *adj* easy
kergendama • *v* alleviate
kerima • *v* wind
kes • *pron* who
keskaeg • *adj* medieval
keskendus • *n* focus
keskkoht • *n* middle
keskne • *adj* central
kesköö • *n* midnight
kesktekk • *n* waist
keskus • *n* center
kest • *n* shell
kestlik • *adj* sustainable
kestus • *n* time
kesvamärjuke • *n* beer
ketas • *n* disk

ketrama • *v* spin
kett • *n* chain
kevad • *n* spring
kibe • *adj* acid, bitter
kibelev • *adj* anxious
kihelkond • *n* hundred, parish
kiht • *n* layer
kiiged • *n* swing
kiik • *n* swing
kiil • *n* dragonfly, parenthesis
kiilas • *adj* bald
kiillause • *n* parenthesis
kiir • *n* ray
kiirabi • *n* ambulance
kiirendus • *n* acceleration
kiiresti • *adv* quickly
kiirtee • *n* highway
kiirus • *n* speed
kiiver • *n* helmet
kikas • *n* rooster
kild • *n* chip
kili • *n* slope
kiljatus • *n* cry
kilje • *n* cry
kilomeeter • *n* kilometre
kilp • *n* shell
kimalane • *n* bumblebee
kindel • *adj* firm, indicative, specific
kindlalt • *adv* firmly
kindlus • *n* castle
kindlustus • *n* insurance
kindral • *n* general
king • *n* shoe
kingapael • *n* shoelace
kinkima • *v* donate, gift
kinnine • *adj* closed
kinnitama • *v* assure, mount
kinnitus • *n* confirmation
kino • *n* cinema
kinofilm • *n* movie

kippuma • *v* tend
Kirgiisia • *n* Kyrgyzstan
kiri • *n* letter, writing
Kiribati • *n* Kiribati
kirik • *n* church
kirjamärk • *n* radical
kirjandus • *n* literature
kirjanik • *n* writer
kirjastaja • *n* publisher
kirjastama • *v* publish
kirjatäht • *n* letter
kirjatöö • *n* writing
kirjavahemärgid • *n* punctuation
kirjeldama • *v* describe
kirjutama • *v* write
kirjutamine • *n* writing
kirjutis • *n* writing
kirjutuslaud • *n* desk
kirjutusmasin • *n* typewriter
kirp • *n* flea
kirre • *n* northeast
kirurg • *n* surgeon
kirurgiline • *adj* surgical
kitarr • *n* guitar
kits • *n* goat
kitsas • *adj* narrow
kitsikus • *n* problem
kiud • *n* fibre
kivi • *n* stone
kivisüsi • *n* coal
KKK • *n* FAQ
klaas • *n* glass
klahv • *n* key
klapitama • *v* match
klappima • *v* match
klass • *n* class
klassiruum • *n* classroom
klaver • *n* piano
klaviatuur • *n* keyboard
kleepuv • *adj* sticky

kleit • *n* dress
klient • *n* client, customer
kliima • *n* climate
kliinik • *n* clinic
klosett • *n* toilet
klubi • *n* club
kobras • *n* beaver
koda • *n* shell
kodakondsus • *n* citizenship
kodanik • *n* citizen • *adj* national
kodu • *n* base, home
koduabiline • *n* help
kodukootud • *adj* homemade
kodumaa • *n* home, homeland, land, motherland
koer • *n* dog
kogemus • *n* experience
kogenematu • *adj* green, new
kogu • *n* body, collection
kogukond • *n* community
koguma • *v* collect, gather
kogumik • *n* compilation
kogumine • *n* accumulation, collection, compilation
kogunema • *v* gather
kogus • *n* amount, quantity
kohal • *adv* here
kohalik • *adj* local
kohaselt • *prep* according to
kohatu • *phr* out of line
kõhklema • *v* doubt
kõhklus • *n* doubt
kohmakas • *adj* clumsy
kõhn • *adj* thin
kõhna • *adj* thin
koht • *n* place
kõht • *n* belly, stomach
kohta • *prep* per
kohtamine • *n* date
kohtumine • *n* date, encounter

kohtunik • *n* judge
kohtuotsus • *n* sentence
kohus • *n* court
kohustus • *n* duty
kohutav • *adv* terrible
kõhuvalu • *n* stomachache
kohv • *n* coffee
kohvipruun • *n* coffee
kohvipuu • *n* coffee
koib • *n* foot
kõigest • *adv* just
kõik • *n* all • *det* each, every • *pron* everything
köis • *n* rope
kokaiin • *n* cocaine
kokk • *n* cook
kokku • *adv* together
kokkulepe • *n* accord, agreement
kokkupanek • *n* compilation
kokkusattumuslik • *adj* coincidental
kokkuvõte • *n* abstract
kokteil • *n* cocktail
kõlar • *n* speaker
koletis • *n* monster
kolima • *v* move
kolju • *n* skull
kollaboreerima • *v* collaborate
kollane • *adj* yellow
kollanokk • *adj* green
kolleeg • *n* colleague, fellow
kolm • *num* three
kolmandik • *n* third
kolmapäev • *n* Wednesday
kolmas • *adj* third
kolmkümmend • *num* thirty
kolmteist • *num* thirteen
kolonn • *n* file
koloonia • *n* colony
kolp • *n* skull

Kolumbia • *n* Colombia
koma • *n* comma, point
kombinatsioon • *n* combination
kombineerima • *n* combination
komitee • *n* committee
komm • *n* candy
komme • *n* custom, fashion, tradition
kommentaar • *n* comment
kommunism • *n* communism
kommunistlik • *n* communist
komöödia • *n* comedy
Komoorid • *n* Comoros
kompanii • *n* company
kompanjon • *n* fellow
kompilatsioon • *n* compilation
kompileerimine • *n* compilation
kompleks • *n* complex, compound
kompromiss • *n* compromise
kompuuter • *n* computer
kompvek • *n* candy
kõndija • *n* walker
kõndima • *v* walk
kondoom • *n* condom, rubber
kõne • *n* speech
kõneleja • *n* speaker
konflikt • *n* conflict
kõngema • *v* die
Kongo • *n* Congo
konkreetne • *adj* concrete
konks • *n* hook
konn • *n* frog
konstitutsioon • *n* constitution
kont • *n* bone
konteiner • *n* bin, container
kontekst • *n* context
konto • *n* account
kontor • *n* office
kontraht • *n* contract
kontroll • *n* control

kontrollgrupp • *n* control
konts • *n* heel
kontseptsioon • *n* conception
kontsert • *n* concert
konverents • *n* conference
koobas • *n* cave
köögivili • *n* vegetable
kook • *n* cake, cookie
köök • *n* kitchen
kool • *n* school
koolema • *v* die
koolipink • *n* desk
kooma • *n* coma
koomiks • *n* comic
koopia • *n* copy
kõõpima • *v* scrape
koor • *n* choir, cream, shell
koorem • *n* load
koorima • *v* peel
koos • *adv* together • *prep* with
kooslus • *n* combination
koosseis • *n* makeup
koostama • *v* compose, construct
koostisosa • *n* ingredient
kops • *n* lung
koputaja • *n* ear
kõrb • *n* desert
kord • *n* procedure, regime, time
kordama • *v* repeat
korea • *adj* Korean
Korea • *n* Korea
korealane • *n* Korean
kõrge • *adj* high, tall
Kõrgõzstan • *n* Kyrgyzstan
kõrgus • *n* height
kõri • *n* throat
koridor • *n* corridor
korp • *n* raven
korpus • *n* field

korraldatus • *n* organization
korraldus • *n* order, organization
korralikult • *v* behave
korras • *adj* OK
korrastama • *v* order, set up
korrektne • *adj* valid
korrelatsioon • *n* correlation
korrutamine • *n* multiplication
korsaar • *n* pirate
korter • *n* apartment
korts • *n* wrinkle
kõrts • *n* bar, pub
kortsud • *n* wrinkle
korv • *n* basket
kõrv • *n* ear
kõrvaklapid • *n* headphones
kõrvits • *n* pumpkin
korvpall • *n* basketball
kõrvuti • *adv* alongside
kosjasobitaja • *n* matchmaker
košmaar • *n* nightmare
Kosovo • *n* Kosovo
kostüüm • *n* costume, suit
kotkas • *n* eagle
kott • *n* bag, sack
kõu • *n* thunder
kraad • *n* degree
kraan • *n* tap
kraanikauss • *n* sink
kraapama • *v* scrape
kraapima • *v* scrape
kraapsima • *v* scrape
krabi • *n* crab
krae • *n* collar
krahv • *n* count
krahvkond • *n* county
kratsima • *v* scratch
kreeka • *adj* Greek
Kreeka • *n* Greece
kreeklane • *n* Greek

kreem • *n* cream
krevett • *n* shrimp
krihvel • *n* pencil
kriimustama • *v* scrape, scratch
kriipima • *v* scrape
kriis • *n* crisis
kriitika • *n* criticism
kristall • *n* crystal
Kristjan • *n* Christian
kristlane • *n* Christian
kristlik • *adj* Christian
kriteerium • *n* criterion
kroatia • *adj* Croatian
kroon • *n* crown
krooniline • *adj* chronic
krõpsud • *n* chip
kruvi • *n* screw
kruvikeeraja • *n* screwdriver
ksülofon • *n* xylophone
kuberner • *n* governor
kude • *v* weave
küdi • *n* brother-in-law
kuduma • *v* weave
kuhjumine • *n* accumulation
kui • *conj* if, when • *prep* than
kuid • *conj* but
kuidas • *adv* how
kuiv • *adj* dry
kuivama • *v* dry
kuivatama • *v* dry
kuju • *n* shape, statue
kujutama • *v* depict, project
kujutis • *n* view
kukk • *n* rooster
kukkuma • *v* fall
kukkumine • *n* fall
kukkur • *n* purse
küla • *n* village
külaline • *n* guest
külastaja • *n* visitor
külastama • *v* visit

| külastus | 84 | küünal |

külastus • *n* visit
kuldne • *adj* gold
kulg • *n* progress
kulissid • *n* scenery
kull • *n* tag
kullake • *n* sugar
kullast • *adj* gold
kulles • *n* tadpole
kullimäng • *n* tag
külm • *adj* cold
külmik • *n* refrigerator
kulmud • *n* eyebrow
külmutuskapp • *n* refrigerator
kultus • *n* cult
kultuur • *n* culture
külvama • *v* seed, sow
kümblus • *n* bath
kumm • *n* condom, rubber
kummaline • *adj* peculiar
kümme • *num* ten
kummi • *n* rubber
kummitus • *n* ghost
kuna • *conj* because
kunagi • *adv* ever
kunas • *adv* when
kündma • *v* ear
küngas • *n* hill
kuni • *conj* till • *prep* until
kuninganna • *n* queen
kuningas • *n* king
kuninglik • *adj* royal
kuningriik • *n* kingdom
kunn • *n* king
künnis • *n* threshold
kunst • *n* art
kunstnik • *n* artist
Küpros • *n* Cyprus
küps • *adj* ripe
küpsis • *n* cookie
kuradima • *adj* fucking
kurb • *adj* sad

kürb • *n* penis
kurbus • *n* sadness
kuri • *adj* evil
kurikuulsus • *n* notoriety
kurioosum • *n* curiosity
kuritegevus • *n* crime
kuritegu • *n* crime
kurivaim • *n* devil
kurjategija • *n* criminal
kurk • *n* throat
kursus • *n* class
kurt • *adj* deaf
kus • *adv* where
küsima • *v* ask
küsimus • *n* problem, question
kustutama • *v* cancel, turn off
kütkestav • *adj* charming
kutsekaaslane • *n* fellow
kutsuma • *v* call, invite
kutt • *n* guy
kütt • *n* hunter
küttima • *v* hunt
kütus • *n* fuel, gasoline
kuu • *n* month, moon
Kuuba • *n* Cuba
kuues • *adj* sixth
kuukabarra • *n* kookaburra
kuul • *n* bullet
kuulaja • *n* listener
kuulama • *v* listen
kuulatama • *v* listen
kuuldav • *adj* audio
küülik • *n* rabbit
kuulma • *v* hear, listen, read
kuulsus • *n* fame
kuulutama • *v* declare
kuulutus • *n* advertisement
kuum • *adj* hot
kuumaõhupall • *n* balloon
küün • *n* barn
küünal • *n* candle

küünarnukk • *n* elbow
küünis • *n* claw
küünistama • *v* claw
kuupäev • *n* date
kuur • *n* cure
kuurort • *n* resort
kuus • *num* six
küüs • *n* fingernail, nail
kuuskümmend • *num* sixty
küüslauk • *n* garlic
kuusteist • *num* sixteen
kuvar • *n* display
Kuveit • *n* Kuwait
kvaliteet • *n* quality
kvantiteet • *n* quantity
kvartal • *n* quarter

L

laadima • *v* load
laadung • *n* cargo, load
laager • *n* camp
läänes • *adv* west
lääs • *n* west
laast • *n* chip
lääts • *n* lens
läbirääkimine • *n* negotiation
läbistama • *v* penetrate
lade • *n* bed
ladina • *adj* Latin
ladu • *n* store, warehouse
ladusus • *n* flow
laen • *n* loan
laenama • *v* borrow
laev • *n* ship
laevalagi • *n* deck

laevastik • *n* fleet
lagi • *n* ceiling
lagipea • *n* crown
lähedal • *adj* close, near
lähedane • *adj* intimate
lahend • *n* judgment
lahendus • *n* solution
lähetama • *v* draft
lahing • *n* battle, combat
lahingulipp • *n* banner
lahinguväli • *n* battlefield
lahja • *adj* thin
lahk • *n* fork
lahkuma • *v* die, exit, leave
lahkumine • *n* exit
laht • *n* bay
lahter • *n* field
lahtine • *adj* open, pending
lähtuma • *v* base
lahus • *n* solution
lahutus • *n* divorce
lai • *adj* wide
laine • *n* wave
laip • *n* body
lairiba • *n* broadband
laisk • *adj* lazy
laiskloom • *n* sloth
laiskus • *n* sloth
läitma • *v* light
laius • *n* width
lame • *adj* flat
lammas • *n* sheep
lammutama • *v* demolish
lamp • *n* lamp, light bulb
langema • *v* descend, die, fall
langevari • *n* parachute
Laos • *n* Laos
laotama • *v* lie
läpakas • *n* laptop
lapik • *adj* flat
läppar • *n* laptop

laps • *n* child
lapsehoidja • *n* nurse
lapsik • *adj* childish
laser • *n* laser
laskma • *v* let
laskuma • *v* descend
last • *n* cargo, load
lasuma • *v* lie
läte • *n* spring
läti • *adj* Latvian
Läti • *n* Latvia
lätlane • *n* Latvian
lätlanna • *n* Latvian
lätlased • *n* Latvian
läts • *n* tag
laud • *n* table
laul • *n* song
laulik • *n* singer
laulja • *n* singer
lauljanna • *n* singer
lauljatar • *n* singer
laulma • *v* sing
laulusõnad • *n* lyrics
laulutekst • *n* lyrics
laup • *n* forehead
laupäev • *n* Saturday
lause • *n* sentence
LAV • *n* South Africa
lava • *n* stage
lavadekoratsioonid • *n* scenery
lavastus • *n* setup
lebama • *v* lie
leedu • *adj* Lithuanian
Leedu • *n* Lithuania
leedulane • *n* Lithuanian
leek • *n* flame
leevendama • *v* alleviate
legend • *n* legend
lehekülg • *n* page
lehekülge • *n* page
lehekuu • *n* May

leheveerg • *n* column
lehm • *n* cow
leht • *n* leaf, newspaper, sheet, site
lehvik • *n* fan
leib • *n* bread
leid • *n* catch
leidma • *v* find
leim • *n* flame
lein • *n* grief
leiukoht • *n* field
leiutis • *n* invention
lemmikloom • *n* pet
lendama • *v* fly
lendmadu • *n* dragon
lennujaam • *n* airport
lennuk • *n* airplane
leping • *n* agreement, contract, treaty
lesbi • *adj* lesbian
lesima • *v* lie
lesk • *n* widow
leskmees • *n* widower
Lesotho • *n* Lesotho
levitama • *v* publish
Libeeria • *n* Liberia
liberalism • *n* liberalism
liblikas • *n* butterfly
Liechtenstein • *n* Liechtenstein
lift • *n* lift
ligilähedane • *adj* rough
ligipääsetav • *adj* accessible
liha • *n* meat
lihas • *n* muscle
lihaseline • *adj* muscular
lihtne • *adj* easy, simple
lihtrõhk • *adj* acute
lihtvalk • *n* protein
liialdus • *n* exaggeration
Liibanon • *n* Lebanon
Liibüa • *n* Libya

liibuma — lõppema

liibuma • *v* cling
liide • *n* joint
liider • *n* leader
liidetav • *n* term
liige • *n* member
liiges • *n* joint
liigne • *adj* extra, unnecessary
liigutus • *n* motion
liik • *n* kind, sort, type
liiklus • *n* traffic
liikmelisus • *n* membership
liikuma • *v* move
liikumine • *n* motion, movement
liim • *n* glue
liin • *n* file, line
liit • *n* union
liiter • *n* litre
liitlane • *n* ally
liitmine • *n* addition
liiv • *n* sand
liivahiir • *n* gerbil
likviidne • *adj* liquid
lill • *n* flower
lind • *n* bird
lindprii • *n* outlaw
linn • *n* city, town
linnaelanik • *n* citizen
linnapea • *n* mayor
linnus • *n* castle
Linnutee • *n* Milky Way
lint • *n* ribbon
lipp • *n* color, flag, queen
lips • *n* necktie
lipuke • *n* flag
lisaaine • *n* additive
lisama • *v* add
literatuur • *n* literature
litsents • *n* license
lõbu • *n* pleasure
lõbustama • *v* entertain

loe • *n* northwest
loend • *n* list
loendama • *v* count
loendus • *n* count
loetlema • *v* list
logardlik • *adj* lazy
lohe • *n* dragon • *adj* slovenly
lõhe • *n* gap, salmon
lohemadu • *n* dragon
lõhn • *n* smell
loid • *adj* passive
lõik • *n* paragraph
lõikama • *v* slice
lõikus • *n* operation
loits • *n* spell
lokaalne • *adj* local
lõks • *n* trap
loll • *n* fool • *adj* stupid
London • *n* London
lõng • *n* thread
lonks • *n* draft
loodus • *n* nature
looduskaitseala • *n* preserve
looduslik • *adj* natural
loom • *n* animal
looma • *v* compose, create
lööma • *v* foot
loomaaed • *n* zoo
loomulik • *adj* natural
loomus • *n* nature
loos • *n* draw
loosima • *v* draw
lootma • *v* hope
lootus • *n* belief, hope
loovus • *n* creativity
loovutama • *v* sacrifice, surrender
loož • *n* box
lõpetama • *v* end, finish
lõpp • *n* end
lõppema • *v* end

lõpuks • *adv* finally
lõpuuks • *adv* finally
loterii • *n* lottery
lõualuu • *n* jaw
lõug • *n* chin, jaw
lõuna • *n* lunch, south
Lõunamanner • *n* Antarctica
lõunas • *prep* below • *adv* south
lõunastama • *v* lunch
lõvi • *n* lion
luba • *n* license, permission
lubadus • *n* promise
lubama • *v* allow, authorize, promise
lugeja • *n* reader
lugema • *v* count, read
lugemine • *n* reading
lugu • *n* story
lühike • *adj* brief, short
lühis • *n* short
lühistama • *v* short
lühistuma • *v* short
luik • *n* swan
luine • *n* bone
lukk • *n* lock
Luksemburg • *n* Luxembourg
lukustama • *v* lock
lüliti • *n* switch
lumememm • *n* snowman
lumi • *n* snow
lumivalge • *n* snow
lüpsma • *v* milk
lusikas • *n* spoon
lusikatäis • *n* spoonful
lustlik • *adj* gay
lutsima • *v* suck
luu • *n* bone
lüüasaamine • *n* checkmate, defeat
luule • *n* poetry
luuletaja • *n* poet
luuletus • *n* poem
luup • *n* magnifying glass
luure • *n* intelligence
luureandmed • *n* intelligence
Luxembourg • *n* Luxembourg

M

ma • *pron* I
maa • *n* country, earth, land
maagia • *n* magic
maailm • *n* world
maailmajagu • *n* continent
maailmaruum • *n* space
maakera • *n* world
maakler • *n* broker, dealer
maakond • *n* county, province
maal • *n* painting
maaler • *n* painter
maalija • *n* painter
maalimine • *n* painting
maandama • *v* earth
maanduma • *v* land
maandus • *n* earth
maantee • *n* highway, road
maapähkel • *n* peanut
maapind • *n* earth
määrama • *v* determine
määramispiirkond • *n* domain
maardla • *n* field
määrsõna • *n* adverb
määrus • *n* regulation
maasäär • *n* spit
maastik • *n* landscape, scenery
maateaduslik • *adj* geographic
maavägi • *n* army

maavärin • *n* earthquake
Madagaskar • *n* Madagascar
madal • *adj* low
madalduma • *v* descend
Madalmaad • *n* Netherlands
madalmaade • *adj* Netherlands
Madrid • *n* Madrid
Madriid • *n* Madrid
madrus • *n* sailor
madu • *n* snake
mäetipp • *n* summit
magama • *v* sleep
magamisase • *n* bed
magamistuba • *n* bedroom
magasin • *n* magazine
mägi • *n* hill, mountain
mägironimine • *n* mountaineering
magistraat • *n* magistrate
magnet • *n* magnet
magnituud • *n* magnitude
magu • *n* stomach
magun • *n* poppy
magus • *adj* sweet
magustoit • *n* dessert
mähisjoon • *n* envelope
mahl • *n* juice
mahuti • *n* container
mai • *n* May
maikuu • *n* May
mainima • *v* mention
maitse • *n* taste
maitsekas • *adj* stylish
maitsestama • *v* season
maitsev • *adj* delicious, nice
maja • *n* house
majandus • *n* economy
majandusharu • *n* industry
majandusteadlane • *n* economist

majandusteadus • *n* economics
major • *n* major
makedoonia • *adj* Macedonian
Makedoonia • *n* Macedonia • *adj* Macedonian
makedoonlane • *n* Macedonian
maks • *n* liver
makse • *n* payment
maksma • *v* pay
Malaisia • *n* Malaysia
Malawi • *n* Malawi
Maldiivid • *n* Maldives
mälestusmärk • *n* monument
mälestussammas • *n* monument
mälestusteraamat • *n* memoir
mäletama • *v* remember
Mali • *n* Mali
Malta • *n* Malta
maltalane • *n* Maltese
maltalased • *n* Maltese
mälu • *n* memory
mäluaadress • *n* address
mänd • *n* pine
mander • *n* continent
mäng • *n* game, play
mängida • *v* play
mängima • *v* play
mänguasi • *n* toy
mängurlus • *n* gambling
mangust • *n* mongoose
mänguväljak • *n* field
manner • *n* continent, mainland
mantel • *n* coat
mardikas • *n* beetle
märg • *adj* wet
mark • *n* march, mark
märk • *n* badge
märkama • *v* note, notice
märkus • *n* note

marmor • *n* marble
maroko • *adj* Moroccan
Maroko • *n* Morocco
marokolane • *n* Moroccan
Mars • *n* Mars
marss • *n* march
Marss • *n* Mars
marssima • *v* march
märts • *n* March
masin • *n* car, machine
mask • *n* mask
mass • *n* mass
mäss • *n* rebellion
mässima • *v* wind
matemaatika • *n* mathematics
materialistlik • *adj* materialistic
matma • *v* earth
matš • *n* match
matt • *n* checkmate
matus • *n* funeral
matused • *n* funeral
Mauritaania • *n* Mauritania
Mauritius • *n* Mauritius
me • *pron* we
medal • *n* medal
medikament • *n* medicine
meditsiin • *n* medicine
meditsiiniõde • *n* nurse
meduus • *n* jellyfish
meede • *n* measure
meel • *n* mind
meeldima • *v* like
meeldiv • *adj* nice, pleasant
meeleavaldus • *n* demonstration
meelehärm • *n* spite
meelelahutus • *n* entertainment
meelelahutuslik • *adj* entertaining
meeleolu • *n* feeling
meelepaha • *n* resentment

meenuma • *v* occur
mees • *n* husband, male, man
meeskond • *n* crew, team
meessoost • *n* male
meesterahvas • *n* man
mehhanism • *n* mechanism
mehhiklane • *n* Mexican
mehhiko • *adj* Mexican
Mehhiko • *n* Mexico
meie • *pron* we
meik • *n* makeup
meil • *n* email
meistrivõistlused • *n* championship
meloodia • *n* melody
memm • *n* mum
memuaarid • *n* memoir
menetlus • *n* system
ment • *n* cop
menüü • *n* menu
Mercurius • *n* Mercury
meremees • *n* sailor
mererand • *n* beach
mereröövel • *n* pirate
meri • *n* sea
merisiga • *n* guinea pig
meritäht • *n* starfish
Merkuur • *n* Mercury
mesi • *n* honey
mesilane • *n* bee
mesinädalad • *n* honeymoon
metafoor • *n* metaphor
metal • *n* metal
metall • *n* metal
metallraha • *n* coin
meteoriit • *n* meteorite
mets • *n* forest
metsik • *adj* wild
mida • *pron* what
midagi • *pron* something
miil • *n* mile

miilits • *n* militia
miin • *n* mine
Mikroneesia • *n* Micronesia
miks • *adv* why
miljard • *n* billion
miljon • *num* million
millal • *adv* when
mille • *det* whose
millimallikas • *n* jellyfish
mina • *pron* I
mind • *pron* me
minema • *v* go
mineraal • *n* mineral
minestama • *v* faint
minevik • *n* past
minevikus • *phr* in the past
minimaliseerima • *v* minimize
ministeerium • *n* ministry
minister • *n* minister
mink • *n* mink
minöör • *n* miner
minu • *pron* me • *det* my
minut • *n* minute
mis • *det* what
misjonär • *n* missionary
missa • *n* mass
mistahes • *det* any
mitte • *conj* not
mitu • *det* several
moekas • *adj* trendy
mõistatus • *n* problem
mõiste • *n* concept, term
mõistma • *v* appreciate, understand
mõistmine • *n* understanding
mõistus • *n* brain, mind
mõju • *n* effect
Moldaavia • *n* Moldova
Moldova • *n* Moldova
mõlemad • *det* both, either
moment • *n* minute, moment

Monaco • *n* Monaco
mongol • *n* Mongolian
mongoli • *adj* Mongolian
mongoliid • *n* Mongolian
mongoolia • *adj* Mongolian
Mongoolia • *n* Mongolia
mongoollane • *n* Mongolian
mõni • *det* several
monitor • *n* monitor
Montenegro • *n* Montenegro
monument • *n* monument
mööbel • *n* furniture
mood • *n* fashion, mode
mööda • *prep* along
mõõde • *n* dimension, measure
moodustama • *v* compose
mõõk • *n* sword
moon • *n* poppy
mõõtja • *n* meter
mõõtmestama • *v* scale
mõõtmine • *n* measure
mootor • *n* engine, motor
mootorratas • *n* bike, motorcycle
morss • *n* juice
mõrtsukas • *n* killer, murderer
mõru • *adj* bitter
mõrv • *n* murder
mõrvama • *v* assassinate, murder
Mosambiik • *n* Mozambique
mošee • *n* mosque
Moskva • *n* Moscow
moslem • *n* Muslim
mõte • *n* idea, thought
motivatsioon • *n* motivation
mõtlema • *v* think
mõtlik • *adj* pensive
mõttetu • *adj* absurd, meaningless
mu • *det* my

muda • *n* mud
mugav • *adj* comfortable
muistne • *adj* ancient
muld • *n* soil
mull • *n* bubble
muna • *n* egg
munakoor • *n* shell
munarakk • *n* egg
munk • *n* monk
münt • *n* coin
murdosa • *n* fraction
mure • *n* problem
murelik • *adj* anxious
muretu • *adj* easygoing
mürgine • *adj* toxic
mürgitama • *v* poison
mürk • *n* poison
muru • *n* grass
muruplats • *n* grass
muslim • *n* Muslim
must • *adj* black
mustanahaline • *adj* black
müsteerium • *n* mystery
musträstas • *n* blackbird
mustus • *n* filth
musulman • *n* Muslim
mütoloogia • *n* mythology
müts • *n* hat
mutt • *n* mole
mutter • *n* nut
muu • *det* another
müük • *n* sale
muul • *n* mule
müüma • *v* sell
muundamine • *n* conversion
müür • *n* wall
muuseum • *n* museum
muusik • *n* musician
muusika • *n* music
muusikariist • *n* instrument
müüt • *n* myth

muutma • *v* modify
muutuja • *adj* variable
muutuma • *v* become
muutumispiirkond • *n* range
Myanmar • *n* Myanmar

N

naaber • *n* neighbour
naabrid • *n* neighborhood
naabrus • *n* neighborhood
nääl • *n* brother-in-law
naasma • *v* return
naatrium • *n* sodium
nad • *pron* they
nädal • *n* week
nädalavahetus • *n* weekend
nadu • *n* sister-in-law
nael • *n* crown, nail, pound
näeme • *phr* see you
naer • *n* laugh, laughter
naeratama • *v* smile
naeratus • *n* smile
naerda • *v* laugh
naeruvääristama • *v* ridicule
naeruväärselt • *adv* ridiculously
nafta • *n* oil
nägema • *v* see
nägemine • *n* eyesight, vision
nägemiseni • *interj* goodbye • *phr* see you
nägemist • *interj* goodbye
nägemus • *n* vision
nägu • *n* face
nahavärv • *n* color
nahk • *n* leather, skin

nahkhiir • *n* bat
nähtavus • *n* visibility
näide • *n* example, instance
näiline • *n* illusion
naine • *n* wife, woman
näitaja • *n* indicator
näitama • *v* show
näiteks • *phr* for example
näitleja • *n* actor
näitlejanna • *n* actor, actress
näitlejatar • *n* actor, actress
näitus • *n* exhibition
nakkus • *n* infection
nälg • *n* hunger
nali • *n* joke
näljahäda • *n* famine
naljakas • *adj* funny
näljane • *adj* hungry
Namiibia • *n* Namibia
napp • *adj* scarce
näpp • *n* finger
närimiskumm • *n* chewing gum
narkodiiler • *n* dealer
narkootikum • *n* drug
narr • *n* fool • *adj* foolish
närune • *adj* lousy
närv • *n* nerve
NATO • *n* NATO
natsioon • *n* nation
natuur • *n* nature
Nauru • *n* Nauru
nautima • *v* enjoy
need • *det* these
needma • *v* damn
neeger • *adj* black
neelama • *v* swallow
neelduma • *v* absorb
neeldumine • *n* absorption
neer • *n* kidney
neli • *num* four
nelikümmend • *num* forty

neliteist • *num* fourteen
neljandik • *n* quarter
neljapäev • *n* Thursday
neljas • *adj* fourth
nelk • *n* pink
nemad • *pron* they
nepal • *adj* Nepali
Nepal • *n* Nepal
nepali • *n* Nepali
nepallane • *n* Nepali
Neptun • *n* Neptune
Neptunus • *n* Neptune
Neptuun • *n* Neptune
nett • *n* Internet
neutraalne • *adj* neutral
neutraliteet • *n* neutrality
Nicaragua • *n* Nicaragua
Nigeeria • *n* Nigeria
Niger • *n* Niger
niisugune • *det* such
niisutama • *v* wet
niit • *n* thread
nikkuma • *v* fuck
nimi • *n* name
nimisõna • *n* noun
nina • *n* nose
ninasarvik • *n* rhinoceros
ning • *conj* and
nirk • *n* weasel
nisu • *n* wheat
no • *interj* well
nobe • *adj* quick
nõbu • *n* cousin
nõel • *n* needle
nõiakunst • *n* magic
nõidus • *n* magic
nokkloom • *n* platypus
nõme • *adj* dull, lame, stupid
noodipaber • *n* music
nool • *n* arrow
nööp • *n* button

nööpnõel • *n* pin
noor • *adj* young
nöör • *n* string
noorukiiga • *n* adolescence
noot • *n* note
nõrk • *adj* weak
norm • *n* standard
normaal • *n* normal
normaalsus • *n* normality
norra • *adj* Norwegian
Norra • *n* Norway
norralane • *n* Norwegian
noteerima • *v* note
nõu • *n* advice
nouandja • *n* advisor
nõukogu • *n* council
nõukogude • *adj* Soviet
nõusolek • *n* acceptance
nõustav • *adj* advisory
november • *n* November
nuga • *n* knife
nuhtlus • *n* bother
nukk • *n* doll
null • *num* zero
nullima • *v* zero
nümf • *n* nymph
nupp • *n* button, man
nurgakivi • *n* cornerstone
nüri • *adj* blunt
nurjuma • *v* fail
nurk • *n* angle, corner
nurm • *n* field
nuss • *n* fuck
nussima • *v* fuck
nutikas • *adj* clever, smart
nutma • *v* cry, weep
nutt • *n* cry
nüüd • *adv* now
nuuksuma • *v* cry, weep

O

oda • *n* bishop
odav • *adj* cheap
õde • *n* nurse, sister
õemees • *n* brother-in-law
õhk • *n* air
ohoh • *interj* hey
ohoo • *interj* hey
oht • *n* danger
ohtlik • *adj* dangerous
õhtu • *n* evening, night
õhtust • *n* good evening
õhuke • *adj* thin
õhupall • *n* balloon
õhusõiduk • *n* aircraft
õhutama • *v* encourage
ohutu • *adj* safe
ohutus • *n* safety, security
ohverdama • *v* sacrifice
ohverdus • *n* sacrifice
ohvitser • *n* officer
oi • *interj* ah
oigama • *v* moan
õige • *adj* correct, right
õiglus • *n* justice
õigus • *n* law, right
õigustatud • *adj* valid
õis • *n* flower
oja • *n* stream
Okeaania • *n* Oceania
okei • *adj* OK
ökoloogia • *n* ecology
ökosüsteem • *n* ecosystem
oks • *n* branch
oksendama • *v* cat
oksjon • *n* auction
oksüümoron • *n* oxymoron

oktoober • *n* October
okupatsioon • *n* occupation
okupeeritud • *adj* occupied
olek • *n* status
õlekõrs • *n* straw
olelema • *v* exist
olema • *v* be
olemasolu • *n* being, existence
olemus • *n* essence
olend • *n* being, creature
oletus • *n* if, view
õlg • *n* shoulder
olgu • *n* OK
õli • *n* oil
õlu • *n* beer
oluline • *adj* essential, important
olümpia • *n* Olympics
oma • *n* brother
Omaan • *n* Oman
omaette • *phr* on one's own
omandama • *v* acquire, learn, read
omane • *adj* specific
omanik • *n* owner
omapärane • *adj* peculiar
omatehtud • *adj* homemade
õnn • *n* happiness, luck
õnnelik • *adj* happy
õnnemäng • *n* gamble
õnnestuma • *v* manage
õnnestunud • *adj* successful
õnnetus • *n* accident
õnnitlema • *v* congratulate
onu • *n* uncle
onupoeg • *n* cousin
onutütar • *n* cousin
oo • *interj* ah
öö • *n* night
ööbik • *n* nightingale
ookean • *n* ocean
öökull • *n* owl
ööliblikas • *n* moth
õõnes • *adj* hollow
ööpäev • *n* day
ooper • *n* opera
ootama • *v* await, wait
ootus • *n* expectation
operatsioon • *n* operation
operatsioonisüsteem • *n* operating system
õpetaja • *n* teacher
õpetama • *v* teach
õpik • *n* textbook
õpilane • *n* pupil, student
õpituba • *n* workshop
opositsioon • *n* opposition
õppetund • *n* lesson
õppima • *v* learn
õppus • *v* exercise
oranž • *adj* orange
orav • *n* squirrel
orbiit • *n* orbit
ordu • *n* order
orel • *n* organ
org • *n* valley
organ • *n* organ
organisatsioon • *n* organization
organiseeritus • *n* organization
organism • *n* organism
ori • *n* slave
orjus • *n* slavery
orkaan • *n* hurricane
orkester • *n* orchestra
osa • *n* part
osak • *n* share
osake • *n* particle
osapool • *n* party
osata • *v* can
oskama • *v* know
oskus • *n* ability, skill
ostma • *v* buy

ostud • *n* shopping
osundama • *v* quote
osundus • *n* quote
otell • *n* hotel
otse • *adj* right
otsekohene • *adj* blunt
otsima • *v* hunt, look for, scan, search, seek
otsimine • *n* search
otsing • *n* search
otsus • *n* resolution
otsustama • *v* decide
otsustamata • *adj* pending
otsustav • *adj* key
õu • *n* yard
õudus • *n* horror
õudusfilm • *n* horror movie
õudusunenägu • *n* nightmare
õun • *n* apple
outsi • *interj* fuck

P

paabulind • *n* peacock
paanika • *n* panic
paar • *n* couple, pair
pääs • *n* access
päästikustama • *v* trigger
pääsuke • *n* swallow
pääsulind • *n* swallow
paat • *n* boat
paaž • *n* page
paber • *adj* paper
pabeross • *n* cigarette
pädev • *adj* able
padi • *n* pillow

pael • *n* ribbon
päev • *n* day
päevaleht • *n* daily
päevik • *n* diary
päeviti • *adv* daily
pagaritööstus • *n* bakery
pagulane • *n* refugee
paha • *adj* evil
pahameel • *n* resentment
pahem • *adj* left
pähkel • *n* nut
pähklipuu • *n* walnut
paigal • *adj* still
paigaldama • *v* set up
paik • *n* place
päike • *n* sun
päikesepaiste • *n* sunshine
päikeseline • *adj* sunny
paindlik • *adj* flexible
pais • *n* dam
pakett • *n* package, packet
pakiauto • *n* van
Pakistan • *n* Pakistan
pakk • *n* package, packet
pakkima • *v* box
pakkuma • *v* offer
paks • *adj* bold
Palau • *n* Palau
palavik • *n* fever
palee • *n* palace
palestiin • *adj* Palestinian
Palestiina • *n* Palestine
palestiinlane • *n* Palestinian
palgamõrvar • *n* assassin
paljas • *adj* naked
paljastama • *v* reveal
palju • *det* many, much
palk • *n* salary, wage
pall • *n* ball
paluma • *v* ask, request
palume • *adv* please

palun • *adv* please
palve • *n* prayer
palvetama • *v* pray
Panama • *n* Panama
paneel • *n* panel
panema • *v* fuck, put
pang • *n* bucket
pank • *n* bank
pankrot • *n* bankruptcy
pankur • *n* banker
pant • *n* deposit
pantvang • *n* hostage
panus • *n* contribution
panustama • *v* help
papagoi • *n* parrot
paprika • *n* pepper
paraad • *n* parade
paradiis • *n* heaven
paragrahv • *n* paragraph
Paraguay • *n* Paraguay
parameeter • *n* parameter
pärand • *n* legacy
parandus • *n* edit
pärast • *prep* after
paratamatult • *adv* necessarily
pärdik • *n* monkey
parem • *adj* better, right
Pariis • *n* Paris
parim • *adj* best, prime
pärima • *v* ask
pärimus • *n* tradition
päring • *n* query
pärismaine • *adj* indigenous
park • *n* garden, park
parlament • *n* parliament
pärm • *n* yeast
pärmseened • *n* yeast
parool • *n* password
pärsia • *n* Persian
Pärsia • *n* Persia
pärslane • *n* Persian

part • *n* duck
partikkel • *n* particle
partisan • *n* guerrilla
partisanisõda • *n* guerrilla
partituur • *n* score
partner • *n* partner
parv • *n* cloud
pask • *n* shit
pasknäär • *n* jay
pass • *n* passport
passiiv • *adj* passive
passiivne • *n* bottom
pastakas • *n* pen
pastapliiats • *n* pen
pataljon • *n* wing
patarei • *n* battery
patt • *n* sin
pea • *n* head
peaaegu • *adv* almost, nearly
peaaju • *n* brain
peagi • *adv* soon
peakokk • *n* chef
peakorter • *n* base
peal • *prep* on
pealagi • *n* crown
peale • *conj* but
pealik • *n* chief
pealiskaudselt • *adv* superficially
pealkiri • *n* headline
pealtvaataja • *n* spectator
pealuu • *n* skull
peamine • *adj* key
peatükk • *n* chapter
peatus • *n* station, stop
peavalu • *n* headache
peedivein • *n* wine
peegel • *n* mirror
peegelpilt • *adj* backwards
peen • *adj* thin
peenar • *n* bed

peenike • *adj* thin
peenis • *n* penis
peet • *n* wine
peidetud • *adj* hidden
peitma • *v* conceal
Peking • *n* Beijing
peldik • *n* toilet
pelglik • *adj* timid
pelikan • *n* pelican
peni • *n* dog
pere • *n* family
perekond • *n* family
perioodilisustabel • *n* periodic table
perroon • *n* platform
perse • *n* ass
Peruu • *n* Peru
pesa • *n* nest
pesamuna • *n* baby
pesapall • *n* baseball
pesema • *v* wash
pesumasin • *n* washing machine
petlik • *adj* tricky
petma • *v* deceive
pidama • *v* consider, have to, hold, must, need
pidev • *adj* continuous
pidu • *n* celebration, party
pidur • *n* brake
pidustused • *n* festival
pidutsema • *v* party
pihaosa • *n* body
Piibel • *n* Bible
piiber • *n* beaver
piim • *n* milk
piimatooted • *n* dairy
piinamine • *n* torture
piinlik • *adj* embarrassing
piir • *n* barrier, border, limit
piirama • *v* limit

piiramatu • *adj* free
piirang • *n* limit
piiravate • *adj* restrictive
piiritaja • *n* swift
piiritlema • *v* border, determine
piiritus • *n* spirit
piirkondlik • *adj* regional
piiskop • *n* bishop
piitsutama • *n* whip
pikantne • *adj* spicy
pikendama • *v* extend
piki • *prep* along
pikk • *adj* long, tall
pikkus • *n* length
pilbas • *n* chip
pildistama • *v* photograph
pilet • *n* ticket
pilk • *n* glance, look
pilkama • *v* ridicule
pill • *n* instrument, pill
piloot • *n* pilot
pilt • *n* picture
pilu • *n* slit
pilv • *n* cloud
pilvelõhkuja • *n* skyscraper
pilvine • *adj* cloudy
pilvinema • *v* cloud
pime • *adj* black, blind
pimedus • *n* blindness, darkness, night
pimestama • *v* blind
pinal • *n* pencil case
pindala • *n* area
pinev • *adj* tense
pingne • *adj* tense
pinguldama • *v* tense
pingulduma • *v* tense
pinguletõmmatud • *adj* tense
pingviin • *n* penguin
pink • *n* bench
pinnapealne • *adj* superficial

pintsak • *n* jacket	**põhjus** • *n* cause, reason
pintsel • *n* brush	**põhjustama** • *v* cause, set up
pinu • *n* stack	**põhk** • *n* straw
pioneer • *n* pioneer	**pohm** • *n* hangover
pipar • *n* pepper	**pohmakas** • *n* hangover
piraat • *n* pirate	**pohmell** • *n* hangover
pirn • *n* light bulb	**pohmelus** • *n* hangover
pirukas • *n* pie	**pöial** • *n* thumb
pisar • *n* tear	**poiss** • *n* boy
pistik • *n* plug	**pojapoeg** • *n* grandson
pistrik • *n* falcon	**pojatütar** • *n* granddaughter
pisut • *det* little	**põld** • *n* field
pitsa • *n* pizza	**põlema** • *v* burn
plaan • *n* plan	**poliitik** • *n* politician
plaat • *n* dish, plate	**poliitika** • *n* policy • *v* politics
plahvatus • *n* explosion	**politsei** • *n* police
planeet • *n* planet	**põllumajandus** • *n* agriculture
planetaarium • *n* planetarium	**polt** • *n* bolt
pläru • *n* smoke	**põlv** • *n* knee
plast • *n* plastic	**põlvkond** • *n* generation
plastmass • *n* plastic	**pomm** • *n* bomb
plats • *n* place, square	**pommitama** • *v* bomb
platvorm • *n* platform	**poni** • *n* pony
plii • *n* lead	**pood** • *n* shop
pliiats • *n* pencil	**pookstav** • *n* letter
plika • *n* girl	**pool** • *adj* half • *n* half
plotski • *n* smoke	**poola** • *adj* Polish
põder • *n* moose	**Poola** • *n* Poland
poeem • *n* poem	**poolaasta** • *n* term
poeg • *n* son	**poolik** • *adj* pending
põgenema • *v* flee	**pöördsõna** • *n* verb
põgus • *adj* brief	**pöörduma** • *v* turn
põhi • *n* base, bed, north	**pöörlema** • *v* turn
põhikiri • *n* statute	**põõsas** • *n* bush
põhimõte • *n* principle	**populatsioon** • *n* population
põhimõtteliselt • *adv* basically	**põrand** • *n* floor
põhiseadus • *n* constitution	**porgand** • *n* carrot
põhja • *adj* north	**põrgu** • *n* hell
põhjalik • *adj* detailed	**porikaitse** • *n* wing
põhjapõder • *n* reindeer	**poro** • *n* reindeer
põhjendatud • *adj* valid	**põrsakest** • *n* pig

port • *n* port
portree • *n* portrait
Portugal • *n* Portugal
portugali • *adj* Portuguese
portvein • *n* port
põsk • *n* cheek
post • *n* mail
pott • *n* pot, toilet
põud • *n* drought
Pr • *n* Mrs
praegu • *adv* currently
pragu • *n* crack, gap
praht • *n* cargo
prantslased • *n* French
prantsuse • *adj* French
Prantsusmaa • *n* France
preester • *n* priest
prefiks • *n* prefix
preservatiiv • *n* condom
president • *n* president
pressiesindaja • *n* spokesman
prii • *adj* free
prillid • *n* spectacles
printer • *n* printer
prints • *n* prince
printsess • *n* princess
printsiip • *n* principle
probleem • *n* problem
produktiivne • *adj* productive
produtsent • *n* producer
proff • *n* pro
programm • *n* program
progress • *n* progress
projekt • *n* project
prokurör • *n* prosecutor
promoma • *v* promote
pronks • *n* bronze
pronoomen • *n* pronoun
proovima • *v* attempt, try
propaganda • *n* advertisement
proportsioon • *n* rate

proteiin • *n* protein
protsent • *n* percent, percentage
protsess • *n* process
protsessor • *n* processor
prügikast • *n* bin
prügikonteiner • *n* bin
prükkar • *n* bin
prussakas • *n* cockroach
pruun • *adj* brown
pruut • *n* bride
psühhiaatria • *n* psychiatry
psühhiaatriline • *adj* psychiatric
psühholoog • *n* psychologist
psühholoogia • *n* psychology
psühholoogiline • *adj* psychological
pubi • *n* pub
pudel • *n* bottle
puhä • *adj* holy, sacred
püha • *n* holiday
pühapäev • *n* Sunday
puhas • *adj* clean, pure
puhastama • *v* clean
puhitus • *n* wind
puhkama • *v* rest
pühkima • *v* sweep
puhkus • *n* rest, vacation
puhver • *n* buffer
puiestik • *n* park
puit • *n* wood
püksid • *n* pants
pulber • *n* powder
pulm • *n* wedding
pulmad • *n* wedding
pulmareis • *n* honeymoon
pult • *n* desk
pump • *n* pump
punane • *adj* red
punarind • *n* robin
punkt • *n* dot, post

puri • *n* sail
purjus • *adj* drunk
purk • *n* jar
purpurne • *adj* purple
püsima • *v* sit
püsiv • *adj* constant
püsivalt • *adv* permanently
püssirohi • *n* gunpowder
pussitama • *v* knife
püstol • *n* pistol
putka • *n* box
putukas • *n* insect
puu • *n* tree
püüdma • *v* set up
püüdmine • *n* catch
puudutama • *v* touch
puudutus • *n* touch
puuduv • *adj* absent
püüe • *n* catch
puuk • *n* tick
püünis • *n* trap
puur • *n* cage
puuvil • *n* cotton
puuvili • *n* fruit
puuviljaliköör • *n* cordial
puuvill • *n* cotton

R

raadio • *n* radio
raadiojaam • *n* radio station
raadiosaatejaam • *n* radio station
raadius • *n* radius
rääkija • *n* speaker
rääkima • *v* speak

raal • *n* computer
raam • *n* border • *v* frame
raamat • *n* book
raamatukogu • *n* library
raamatukoguhoidja • *n* librarian
raamatupidaja • *n* accountant
raamatupidamine • *n* accounting
rabi • *n* rabbi
rada • *n* path
ragbi • *n* rugby
raha • *n* money
rahakott • *n* purse
rahastama • *v* fund
rahe • *n* hail
rähn • *n* woodpecker
rahu • *n* peace
rahunema • *v* compose
rahutu • *adj* anxious
rahutus • *n* anxiety
rahvaarv • *n* population
rahvahulk • *n* crowd
rahvas • *n* body, people
rahvastik • *n* population
rahvastikuteadus • *n* demographic
rahvus • *n* nation
rahvuslik • *adj* national
rahvusvaheline • *adj* international
raiskama • *v* waste
rakendama • *v* activate
rakendus • *n* application
rakett • *n* missile, rocket
rakk • *n* cell
rämps • *n* garbage, trash
rand • *n* coast, shore, strand
rändaja • *n* traveller
rändtaud • *n* plague
ranne • *n* wrist
ränne • *n* immigration

rannik • *n* coast
räpane • *adj* dirty
rase • *adj* pregnant
rasedus • *n* pregnancy
rasestuma • *v* conceive
raske • *adj* heavy
rass • *n* race
rassism • *n* racism
rasv • *n* fat
rasvumus • *n* obesity
ratas • *n* bicycle, wheel
ratastool • *n* wheelchair
rätik • *n* towel
ratsu • *n* horse
raud • *n* iron
raudne • *adj* iron
raudtee • *n* railway
rautama • *v* shoe
ravi • *n* cure, therapy
reamees • *n* private
reastama • *v* line
rebane • *n* fox, pledge
redel • *n* ladder
reede • *n* Friday
reegel • *n* law
reetma • *v* betray
referendum • *n* referendum
referents • *n* reference
reform • *n* reform
rehi • *n* barn
rehv • *n* tyre
reis • *n* thigh
reisimine • *n* travel
reklaam • *n* advertisement
reklaamlause • *n* slogan
relatiivne • *adj* relative
religioon • *n* religion
reljeef • *n* relief
relv • *n* weapon
republikaan • *n* Republican
restoran • *n* restaurant

resultaat • *n* result
retk • *n* trip
retsept • *n* recipe
revolutsioon • *n* revolution
Reykjavík • *n* Reykjavik
režiim • *n* mode
riba • *n* ribbon
rida • *n* row, string
riided • *n* clothes
riidekapp • *n* wardrobe
riie • *n* clothing, fabric
riietus • *n* clothes, outfit
riigivalitseja • *n* ruler
riik • *n* country, kingdom, land, nation, state
riiklik • *adj* national
riis • *n* rice
riist • *n* implement, penis, tool
riiul • *n* shelf
rikas • *adj* rich
rikkalik • *adj* elaborate
rind • *n* breast, chest
rindkere • *n* chest
ring • *n* circle, ring
rinnakorv • *n* chest
rinne • *n* front
ripsmed • *n* eyelash
rist • *n* cross
risti • *n* club
ristiusk • *n* Christianity
rituaal • *n* ritual
rivi • *n* row
robot • *n* robot
roheline • *adj* green
Roheneemesaared • *n* Cape Verde
rohi • *n* grass
rõhk • *n* pressure
rohkem • *adv* more
rohmakas • *adj* clumsy, crude
rõhtpaigutus • *n* landscape

rõhutama • *v* stress
rohutirts • *n* grasshopper
roim • *n* murder
roimama • *v* murder
roimar • *n* criminal
rõivas • *n* clothing
roll • *n* part
romaan • *n* novel
rong • *n* train
rõngas • *n* ring
ronk • *n* raven
rood • *n* company
rool • *n* steering wheel, wheel
rooliratas • *n* wheel
rooma • *adj* Roman
Rooma • *n* Rome
rõõmustav • *adj* delightful
rööpne • *adj* parallel
roos • *n* rose
roosa • *n* pink, rose
roosipõõsas • *n* rose
rooste • *n* rust
roostes • *adj* rusty
rootsi • *adj* Swedish
Rootsi • *n* Sweden
röövel • *n* robber
röövik • *n* caterpillar
röstitud • *adj* roasted
rott • *n* rat
rõve • *adj* rude
rubiin • *n* ruby
rügama • *v* tool
rügement • *n* wing
rühm • *n* class, group
rühmitama • *v* group
rulett • *n* roulette
rumal • *adj* foolish, stupid
rumeenia • *n* Romanian
Rumeenia • *n* Romania
ründama • *v* attack
rünnak • *n* attack

rüperaal • *n* laptop
rusikas • *n* fist
rütm • *n* rhythm
ruudustik • *n* grid
ruum • *n* location, space
ruut • *n* square
rüütellikkus • *n* chivalry
ruutu • *n* diamond

S

sa • *det* you
Sa • *det* you
saabas • *n* boot
saabuma • *v* arrive
saabumine • *n* arrival
saadavus • *n* availability
saadetis • *n* delivery
saag • *n* saw
saak • *n* prey
saama • *v* receive
saamatu • *adj* backwards
saapapael • *n* shoelace
saar • *n* ash, island
saarmas • *n* otter
säästev • *adj* sustainable
saatkond • *n* embassy
saatma • *v* send
saatus • *n* destiny, fate
saba • *n* tail
sada • *num* hundred
sadam • *n* harbor, port
sadama • *v* rain
säde • *n* spark
sadestis • *n* deposit
sagedasti • *adv* frequently

sageli • *adv* frequently, often
sahtel • *n* drawer
säilik • *n* file
säilitama • *v* preserve
sait • *n* site
sajand • *n* century
saksa • *adj* German
Saksamaa • *n* Germany
sakslane • *n* German
saladus • *n* secret
salajane • *adj* closed
salapärane • *adj* mysterious
salasõna • *n* password
salat • *n* salad
sale • *adj* thin
sall • *n* scarf
Salvador • *n* El Salvador
salvestama • *v* file
sama • *adj* same
samaaegne • *adj* coincidental
samasugune • *adj* same
samasus • *n* equivalence
samaväärsus • *n* equality
samm • *n* step
sammas • *n* column
samuti • *adv* also, either, too
sandvitš • *n* sandwich
sangar • *n* hero
sanktsioon • *n* sanction
šantaaž • *n* blackmail
sapöör • *n* miner
sari • *n* cycle
särk • *n* shirt
sarlakpunane • *n* scarlet
šarniir • *n* joint
sarv • *n* horn
satelliit • *n* satellite
savi • *n* clay
seaded • *n* setup
seadistus • *n* setup
seadma • *v* configure

seadus • *n* law
seadusandja • *n* legislator
seaduslik • *adj* legal
seaduspärasus • *n* law
seal • *adv* there
sealiha • *n* pork
seanss • *n* session
seatina • *n* lead
sebra • *n* zebra
see • *pron* it, they • *art* the • *det* this
seeme • *n* seed
seemendama • *v* seed
seen • *n* mushroom
seep • *n* soap
seepärast • *conj* because
sees • *prep* during, in, inside • *adj* on
segaarv • *n* fraction
seif • *n* safe
seik • *n* event
seiklus • *n* adventure
sein • *n* wall
seiskuma • *v* fail
seisma • *v* stand
seisukoht • *n* view
seisund • *n* status
seisus • *n* class
seitse • *num* seven
seitsekümmend • *num* seventy
seitseteist • *num* seventeen
seitsmes • *adj* seventh
sekretär • *n* secretary
seks • *n* sex
seksuaalne • *adj* sexual
seksuaalsus • *n* sexuality
sekund • *n* second
seletus • *n* account
selg • *n* back
selge • *adj* obvious
selgitama • *v* determine

selgroog • *n* spine
seljak • *n* ridge
seljandik • *n* ridge
sellepärast • *adv* therefore
selline • *det* such
selts • *n* organization
seltsimees • *n* fellow
seltskond • *n* company
senaator • *n* senator
Senegal • *n* Senegal
seos • *n* connection
seostamine • *n* connection
seostuv • *adj* involved
seotud • *adj* relevant
serbia • *adj* Serbian
Serbia • *n* Serbia
serbiakeelne • *adj* Serbian
serblane • *n* Serbian
sertifikaat • *n* certificate
serviis • *n* service
sest • *conj* because
sfäär • *n* sphere
sfääriline • *adj* spherical
sibul • *n* onion
side • *n* bandage
sidesõna • *n* conjunction
sidrun • *n* lemon
sidrunkollane • *adj* lemon
siga • *n* pig
sigalane • *n* hog
sigaret • *n* cigarette, smoke
sigarett • *n* cigarette
signaal • *n* signal
signeerima • *v* sign
sihitav • *adj* accusative
sihitis • *n* object
siht • *n* cause
siid • *n* silk
siil • *n* hedgehog
siin • *adv* here
siiras • *adj* pure, sincere

siirup • *n* cordial
sild • *n* bridge
silitama • *v* stroke
sillutis • *n* sidewalk
silm • *n* eye
silmalaug • *n* eyelid
silmapiir • *n* horizon
silmus • *n* loop
šimpans • *n* chimpanzee
sina • *det* you
Sina • *det* you
Singapur • *n* Singapore
sinine • *adj* blue
sinna • *adv* there
sinu • *det* your
sipelgaõgija • *n* anteater
sipelgas • *n* ant
sisaldama • *v* compose
sisaldus • *n* content
sisalik • *n* lizard
sisenema • *v* enter
sisestama • *v* enter
siss • *n* guerrilla
sisse • *prep* into
sissepääs • *n* entrance
sisserändaja • *n* immigrant
sissetungi • *n* invasion
sissisõda • *n* guerrilla
sisu • *n* content
sitt • *n* shit
sittuma • *v* shit
skandaal • *n* scandal
skaneerija • *n* scanner
skanner • *n* scanner
skännima • *v* scan
skoorima • *v* score
skorpion • *n* scorpion
skulptuur • *n* sculpture
skunk • *n* skunk
Slovakkia • *n* Slovakia
Sloveenia • *n* Slovenia

sõber • *n* friend
sobib • *adj* OK
sobitama • *n* combination • *v* match
sõbralik • *adj* friendly
sõbralikult • *adv* friendly
sõbrunema • *v* friend
sõda • *n* war
sõdalane • *n* warrior
sõdima • *v* fight
sõdiv • *adj* belligerent
sõdur • *n* soldier
soe • *adj* warm
sohva • *n* sofa
sõir • *n* cheese
sõitja • *n* fare, passenger
sõitma • *v* drive, travel
sõjakas • *adj* belligerent
sõjaratsu • *n* charger
sõjaväekohustus • *n* draft
sõjaväelane • *n* soldier
sõjavägi • *n* army
sokk • *n* buck, sock
šokolaad • *n* chocolate
solge • *adj* graceful
solidaarsus • *n* solidarity
sõltumatu • *adj* independent
sõltumatus • *n* independence
sõltuv • *adj* dependent
sõltuvus • *n* addiction
Somaalia • *n* Somalia
sõna • *n* floor, word
sõnakuulelikkus • *n* obedience
sõnaraamat • *n* dictionary
sõnastik • *n* dictionary
sõnastus • *n* expression
sõnavahe • *n* space
sõne • *n* string
sõnn • *n* bull
sõnum • *n* message
sööglisu • *n* appetite

söök • *n* meal
sool • *n* salt
soolane • *adj* salt
soolata • *v* salt
sööma • *v* eat
soome • *adj* Finnish
Soome • *n* Finland
soomekeelne • *adj* Finnish
soomus • *n* scale
sööstma • *v* launch
soov • *n* desire, wish
soovima • *v* request, want, wish
soovitama • *v* suggest
soovitus • *n* reference
sõprus • *n* friendship
sõrg • *n* claw
sõrm • *n* finger
sõrmik • *n* glove
sõrmus • *n* ring
sorry • *interj* sorry
sort • *n* kind, sort
šortsid • *n* shorts
sõsar • *n* sister
sosin • *n* whisper
sosistama • *v* whisper
spämm • *n* spam
spämmima • *v* spam
spekter • *n* spectrum
sperma • *n* seed
spiiker • *n* speaker
spioon • *n* spy
spordiväljak • *n* field
sport • *n* sport
staadion • *n* stadium
stabiilne • *adj* stable
stabiilsus • *n* stability
standard • *n* standard
standart • *n* banner
statistika • *n* statistics
steik • *n* steak
stepsel • *n* plug

stiil • *n* fashion
Stockholm • *n* Stockholm
strateegia • *n* strategy
streik • *n* strike
su • *det* your
süda • *n* heart
Sudaan • *n* Sudan
südametunnistus • *n* conscience
südamlik • *adj* cordial
sufiks • *n* suffix
sügama • *v* scratch
sügav • *adj* deep
sügavus • *n* depth
sügis • *n* autumn
sugu • *n* gender, sex
sugulane • *n* relative
suguti • *n* penis
suguühe • *n* sex
suhe • *n* relation, term
suhkur • *n* sugar
suhkurtõbi • *n* diabetes
suhteline • *adj* relative
suits • *n* cigarette, smoke
suitsema • *v* smoke
suitsetama • *v* smoke
suitsutama • *v* smoke
suitsutamine • *n* smoking
sujuvus • *n* flow
sulama • *n* blend
sulane • *n* servant
sularaha • *n* cash
sülearvuti • *n* laptop
sulepea • *n* pen
suletud • *adj* closed
sulg • *n* feather, pen
sulgema • *v* close, shut
sülitama • *v* spit
sümbol • *n* symbol
sümboolne • *adj* symbolic
summa • *n* amount

sümptom • *n* symptom
sünd • *n* birth
sündmus • *n* event
sündmustik • *n* plot
sünnikodu • *n* home
sünnipäev • *n* birthday
supermarket • *n* supermarket
supp • *n* soup
surema • *v* die
Suriname • *n* Suriname
surm • *n* death
surmasõlm • *n* loop
surnuaed • *n* graveyard
surnud • *adj* dead
susi • *n* wolf
süsi • *n* carbon, coal
süsihappegaas • *n* carbon
süsinik • *n* carbon
süsinikdioksiid • *n* carbon
süsteem • *n* system
suu • *n* mouth
süü • *n* guilt
süüdimõistmine • *n* sentence
süüdistaja • *n* prosecutor
süüdistama • *v* blame
suudlema • *v* kiss
suudlus • *n* kiss
süüme • *n* conscience
suunama • *v* guide
suund • *n* direction, path
suupill • *n* harmonica
suur • *adj* big, large, vast
Suurbritannia • *n* United Kingdom
suurendusklaas • *n* magnifying glass
Süüria • *n* Syria
suursaadik • *n* ambassador
suursaatkond • *n* embassy
suurus • *n* magnitude, size
suurveesäng • *n* draw

suusad • *n* ski
suusatama • *v* ski
suusk • *n* ski
süütama • *v* light
suuteline • *adj* able
süva • *adj* deep
suvakas • *n* random
suvaline • *det* any • *adj* random
suveräänsus • *n* sovereignty
suvi • *n* summer
süvis • *n* draft
süžee • *n* plot
Svaasimaa • *n* Swaziland
Šveits • *n* Switzerland
sveitsi • *adj* Swiss
sveitslane • *n* Swiss
sviiter • *n* sweater

T

ta • *det* he, his
taandama • *v* cancel, reduce
Taani • *n* Denmark
taastama • *v* repair
taat • *n* dad
täbar • *adj* tricky
tabel • *n* table
tablett • *n* pill
tädi • *n* aunt
tädipoeg • *n* cousin
täditütar • *n* cousin
Tadžikistan • *n* Tajikistan
taevas • *n* heaven, sky
taga • *prep* behind
tagaajamine • *n* chase
tagajärg • *n* effect

tagama • *v* guarantee
tagaosa • *n* behind
tagaõu • *n* backyard
tagasi • *adv* back
tagasihoidlik • *adj* demure, humble
tagasisuunas • *adj* backwards
tagatis • *n* guarantee
tagumik • *n* behind
tagurpidi • *adv* backwards
taha • *prep* behind
tahapoole • *adj* backwards
tahe • *n* will
täheldama • *v* notice
tähelepanelik • *adj* careful
tähelepanu • *n* attention
tähendama • *v* mean
tähendus • *n* meaning
tähesuurus • *n* magnitude
täheteadus • *n* astronomy
tähistama • *v* mark
tähistav • *adj* symbolic
tahke • *adj* hard
tahkuma • *v* set up
täht • *n* letter, star
tähtaeg • *n* date, deadline
tähtis • *adj* important
tahtma • *v* want
tähtsus • *n* importance, magnitude
tahumatu • *adj* crude
tahvel • *n* blackboard, board
Tai • *n* Thailand • *n* Thai
täi • *n* louse
taidur • *n* artist
täielik • *adj* absolute
täielikkus • *n* entirety
täiend • *n* attribute
täiendama • *v* complement
täiendus • *n* supplement
taigen • *n* dough

taim • *n* plant
taimne • *adj* herbal
taipama • *v* realize
täisealine • *n* adult
täiskasvanu • *n* adult
täisosa • *n* floor
täiuslikkus • *n* perfection
täiustama • *v* advance
Taiwan • *n* Taiwan
tajuma • *v* perceive
takistamatu • *adj* free
takistus • *n* problem
takso • *n* taxi
taldrik • *n* dish, plate
talent • *n* talent
tall • *n* lamb, stable
talu • *n* farm
talupoeg • *n* peasant
talv • *n* winter
tamm • *n* oak
tammepuit • *n* oak
tammepuu • *n* oak
täna • *adv* today
tänan • *interj* thanks
tänav • *n* street
tank • *n* tank
Tansaania • *n* Tanzania
tants • *n* dance
tantsija • *n* dancer
tantsima • *v* dance
tänulik • *adj* grateful
tänupühad • *n* Thanksgiving
taotlus • *n* application
tapatalg • *n* massacre
tapma • *v* kill, murder
tapmiskatse • *n* attempt
täpne • *adj* accurate, detailed, precise
täpnee • *adj* exact
täpp • *n* dot
täpselt • *adv* exactly

täpsus • *n* accuracy
täpsustama • *v* specify
tara • *n* fence
tarbetu • *adj* useless
tarbija • *n* user
täring • *n* die
taristu • *n* infrastructure
tark • *adj* wise
tarkus • *n* wisdom
tarkvara • *n* software
tarmukas • *adj* active
tarne • *n* delivery
tarvilik • *adj* necessary
tasakaalustatud • *adj* balanced
tasand • *n* level, plane
tasandik • *n* plain
tasane • *adj* quiet
tase • *n* level
tasku • *n* pocket
taskuarvuti • *n* calculator
taskuraha • *n* pocket money
tass • *n* cup
tasu • *n* prize
tava • *n* custom, tradition
tavatu • *adj* peculiar
te • *det* you
Te • *det* you
teadlane • *n* scientist
teadlik • *phr* in the know
teadma • *v* know
teadmatus • *n* ignorance
teadmine • *n* knowledge
teadmised • *n* knowledge
teadus • *n* science
teaduslik • *adj* scientific
teadvus • *n* consciousness
teater • *n* theater
teave • *n* information
tee • *n* road, tea, way
teekann • *n* teapot
teekond • *n* path

teelahk • *n* fork
teelusikas • *n* teaspoon
teema • *n* subject, topic
teemant • *n* diamond
teenija • *n* servant
teenindama • *v* service
teenistus • *n* service
teenus • *n* service
tegelane • *n* character
tegelikult • *adv* actually
tegema • *v* do
tegev • *adj* active
tegevus • *n* activity
tegevusala • *n* field
tegevusplaan • *n* strategy
tegevusväli • *n* field
tegu • *n* act, action
tegumood • *n* voice
tegur • *n* factor
tegusõna • *n* verb
tegutsev • *adj* active
tehas • *n* factory, mill, works
tehnika • *n* technology
tehnoloogia • *n* technology
teie • *det* you, your
Teie • *det* you
teietama • *v* you
teine • *det* another • *adj* second
teiseks • *adv* secondly
teisendus • *n* transformation
teisipäev • *n* Tuesday
teismeline • *n* teenager
tekitama • *v* cause
tekk • *n* blanket
tekkima • *v* occur
teksad • *n* jeans
teksapüksid • *n* jeans
teksased • *n* jeans
tekst • *n* text
telefon • *n* telephone
telekas • *n* box

teler • *n* television
teleskoop • *n* telescope
televiisor • *n* television
televisioon • *n* television
telg • *n* axis
telk • *n* tent
telkimine • *n* camping
tellima • *v* order
tellimus • *n* order, request, subscription
tellis • *n* brick
tema • *det* he, his • *pron* she, they
temp • *n* trick
temperatuur • *n* temperature
tempus • *n* tense
tennis • *n* tennis
tennisist • *n* tennis player
teooria • *n* theory
teos • *n* work, writing
teostama • *v* implement
tera • *n* blade
teraapia • *n* therapy
teras • *n* steel
teravdama • *v* sharpen
tere • *interj* hello, hi
termin • *n* term
terminoloogia • *n* terminology
territoorium • *n* territory
terrorism • *n* terrorism
terrorist • *n* terrorist
terts • *n* third
tervik • *n* entirety
tervis • *n* health
tervishoid • *n* health care
tervist • *interj* hi
testament • *n* will
tibi • *n* bird
tihe • *adj* tight
tihedus • *n* density
tihend • *n* seal

tihti • *adv* often
tiib • *n* wing
tiiger • *n* tiger
tiik • *n* pond
tiine • *adj* pregnant
tikk • *n* match
tina • *n* tin
tingimus • *n* term
tingiv • *n* conditional
tint • *n* ink
tipp • *n* crown, summit
tippkohtumine • *n* summit
tiss • *n* tit
tobi • *n* smoke
tõbi • *n* disease
tobu • *n* fool
tõde • *n* truth
tõed • *n* truth
tõeline • *adj* authentic
tõenäoline • *adj* probable
tõend • *n* proof
tõestama • *v* prove
tõestus • *n* proof
toetama • *v* second
tohutu • *adj* vast
toime • *n* effect
toimekas • *adj* busy
toimetama • *v* edit
toimik • *n* file
toiming • *n* operation
toimuma • *v* happen
toit • *n* food
tõke • *n* barrier
tõkestama • *v* bound
tõkkepuu • *n* barrier
toksiline • *adj* toxic
Tokyo • *n* Tokyo
tola • *n* fool
tõlge • *n* translation
tõlgendamine • *n* interpretation
tõlgendus • *n* interpretation

tõlk • *n* interpreter, translator
tõlkima • *v* translate
tõlkimine • *n* compilation
toll • *n* inch
tollimaks • *n* duty
tolm • *n* dust
tomat • *n* tomato
tõmbama • *v* download, draw, pull
tõmbetuul • *n* draft
tonn • *n* ton
tontlik • *adj* ghostly
too • *det* he • *pron* it
töö • *n* job, work
tööandja • *n* employer
toode • *n* product
töökomplekt • *n* toolkit
tool • *n* chair
tooma • *v* bring, import
toon • *n* color, key
toonekurg • *n* stork
tööpuudus • *n* unemployment
toores • *adj* raw
tööriist • *n* tool
tööriistakomplekt • *n* toolkit
tööstus • *n* industry
töötaja • *n* worker
töötama • *v* work
tootja • *n* manufacturer
tootlik • *adj* productive
töötu • *adj* unemployed
torm • *n* storm
tormine • *adj* stormy
torn • *n* tower
toru • *n* pipe
tõsi • *n* truth
tõsiasi • *n* fact
tõsielufilm • *n* documentary
tosin • *n* dozen
tõsiselt • *adv* well
tõstma • *v* elevate

tõug • *n* kind
tõuk • *n* caterpillar
tõukama • *v* push
tõukejõud • *n* repulsion
tõus • *n* flow
traat • *n* wire
traditsioon • *n* tradition
trahter • *n* bar, pub
transkriptsioon • *n* transcription
transportimine • *n* transportation
trell • *n* drill
trellpuur • *n* drill
trepp • *n* stair, staircase
triikraud • *n* iron
triiv • *n* drift
trikk • *n* trick
triljon • *num* trillion
trofee • *n* trophy
trükikiri • *n* script
trukkima • *v* fuck
trükkima • *v* print
trumm • *n* drum
trummar • *n* drummer
trummel • *n* drum
Tšaad • *n* Chad
tsau • *interj* bye
tšehh • *n* Czech
tšehhi • *adj* Czech
Tšehhi • *n* Czech Republic
tsensuur • *n* censorship
tsentuuria • *n* century
tseremoonia • *n* ceremony
Tšernogooria • *n* Montenegro
Tšiili • *n* Chile
tsink • *n* zinc
tšipsid • *n* chip
tsiviilisik • *n* citizen
tsivilisatsioon • *n* civilization
tsükkel • *n* cycle

tsunami • *n* tsunami
tualett • *n* toilet
tuba • *n* room
tubakas • *n* tobacco
tudeng • *n* student
tüdruk • *n* girl
tugev • *adj* strong
tugevus • *n* strength
tugi • *n* support
tuhat • *num* thousand
tuhatjalg • *n* millipede
tühi • *adj* blank, empty, flat
tühik • *n* space
tühistama • *v* abolish, cancel
tühistamine • *n* vacation
tuhk • *n* ash
tuhm • *adj* dull
tulema • *v* come
tulemägi • *n* volcano
tulemus • *n* result
tulenema • *v* follow
tuletama • *v* derive, draw
tuletikk • *n* match
tuletis • *n* derivative
tuletõrjuja • *n* firefighter
tuleväärk • *n* firework
tulevik • *n* future
tulevikus • *phr* in the future
tuli • *n* check, fire
tülin • *n* bother
tulirelv • *n* firearm
tulistama • *v* shoot
tülitama • *v* bother
tund • *n* hour
tundma • *v* feel, know
Tuneesia • *n* Tunisia
tunne • *n* feeling
tunnel • *n* tunnel
tunnistaja • *n* witness
tunnistus • *n* certificate, testimony

tunnus • *n* badge
tunnuslause • *n* slogan
tunnustama • *v* appreciate
tüpograafia • *n* typography
turg • *n* market
türgi • *adj* Turkish
Türgi • *n* Turkey
turism • *n* tourism
turist • *n* tourist
Türkmenistan • *n* Turkmenistan
tursk • *n* cod
turundus • *n* marketing
turvaline • *adj* safe
turvamees • *n* bodyguard
tusk • *n* spite
tüssama • *v* deceive
tütar • *n* daughter
tütrepoeg • *n* grandson
tütretütar • *n* granddaughter
tutvustama • *v* introduce
tuul • *n* wind
tuuletallaja • *n* kestrel
tuulevaikus • *n* calm
tüüp • *n* guy
tüüpiline • *adj* typical
tüür • *n* wheel
tüütama • *v* bother
tuvastama • *v* detect
tuvastus • *n* identification
tuvi • *n* dove, pigeon

U

uba • *n* bean
udu • *n* cloud, fog, mist
ufo • *n* UFO
Uganda • *n* Uganda
üheaegne • *adj* coincidental
üheksa • *num* nine
üheksakümmend • *num* ninety
üheksas • *adj* ninth
ühendamine • *n* connection
Ühendemiraadid • *n* United Arab Emirates
Ühendkuningriik • *n* United Kingdom
Ühendriigid • *n* United States
ühendus • *n* connection
ühes • *prep* with
ühetaoline • *adj* uniform
ühik • *n* unit
ühine • *adj* joint
ühing • *n* organization
ühiskond • *n* society
ühtlasi • *adv* also
ühtsus • *n* unity
uimasti • *n* drug
ujuma • *v* swim
ukraina • *n* Ukrainian
Ukraina • *n* Ukraine
ukrainlane • *n* Ukrainian
uks • *n* door
üks • *num* one
üksi • *adv* alone
üksikasjalik • *adj* elaborate
üksinda • *adv* alone
ükski • *det* no
üksmeel • *n* unity
üksteist • *num* eleven
üksus • *n* unit
ülalpeetav • *n* dependent
ulatus • *n* magnitude, reach, scope
üldine • *adj* general
üldistus • *n* abstraction
üldkogum • *n* population
üldse • *det* no

ülekäigurada • *n* pedestrian crossing
ülekanne • *n* transmission
ülem • *n* commander
ülemaailmne • *adj* global, worldwide
ülemaailmselt • *adv* worldwide
ülendama • *v* promote
üleujutus • *n* flood
ülikool • *n* university
ülim • *adj* ultimate
üliõpilane • *n* student
ülistama • *v* praise
ülistamine • *n* praise
üllatus • *n* surprise
ultimaatum • *n* ultimatum
umbisikuline • *adj* impersonal
umbkaudu • *adv* approximately
ümbrik • *n* envelope
ümbritsema • *v* enclose, surround
umbrohi • *n* weed
ümbruskond • *n* neighborhood
ümiseja • *n* marmot
unenägu • *n* dream
ungari • *adj* Hungarian
Ungari • *n* Hungary
uni • *n* sleep
universum • *n* universe
univorm • *n* uniform
unustama • *v* forget
uputama • *v* sink
Uraan • *n* Uranus
Uranos • *n* Uranus
üritama • *v* attempt, try
üritus • *n* cause
Uruguay • *n* Uruguay
usaldama • *v* depend
usaldus • *n* trust
Usbekistan • *n* Uzbekistan
usin • *adj* active

usk • *n* belief
uskuma • *v* believe
uskumus • *n* belief
uss • *n* worm
ütlema • *v* say, tell
ütlus • *n* expression
uudis • *n* news
uudised • *n* news
uudishimu • *n* curiosity
uuendama • *v* update
Uuno • *n* uniform
uurima • *v* survey
uus • *adj* new

V

vaade • *n* view
vaal • *n* whale
vaalaluu • *n* bone
väär • *n* lie
väärikus • *n* dignity
väärtarbija • *n* user
väärtus • *n* value
väärtused • *n* value
väärtusetu • *adj* worthless
väärtuslik • *adj* precious
väärtustama • *v* prize
vaat • *n* barrel
vaata • *v* read
vaatama • *v* look, watch
vaateväli • *n* view
vaatlema • *v* observe, view
vaatlus • *n* observation
vaatus • *n* act
vaba • *adj* absolute, free
vabadus • *n* freedom

| vabandus | 115 | väljuma |

vabandus • *n* apology
vabandust • *interj* sorry
vabariik • *n* republic
vabariiklane • *n* Republican
vabariiklik • *adj* Republican
vabastama • *v* free, liberate
vabastamine • *n* vacation
vabatahtlik • *n* volunteer • *adj* willing
vabrik • *n* factory
vaene • *adj* poor
vaenlane • *n* enemy
väestama • *v* empower
vaesus • *n* poverty
vaevuma • *v* bother
väga • *adv* very
vagel • *n* maggot
vägistama • *v* rape
vägistamine • *n* rape
vägistus • *n* rape
vägivald • *n* violence
vagun • *n* car, carriage
vähe • *det* few
vahejuhtum • *n* incident
vahel • *adv* sometimes
vahelagi • *n* floor
vahelduv • *adj* alternate
vähem • *adv* less
vähemalt • *phr* at least
vahemärgid • *n* punctuation
vahemik • *n* interval
vähemus • *n* minority
vahend • *n* instrument, tool
vahendaja • *n* broker
vähesed • *det* few
vähktõbi • *n* cancer
vahkviha • *n* spite
vahva • *adj* bold, brave
väide • *n* statement
vaidlus • *n* controversy
väike • *adj* little, small

vaikne • *adj* quiet
vaikus • *n* silence
vaim • *n* spirit
vaimne • *adj* spiritual
vaimuhaigus • *n* insanity
vaip • *n* carpet
väitlus • *n* discussion
vajalik • *adj* essential, necessary
vajama • *v* need
vajuma • *v* sink
vaktsiin • *n* vaccine
vaktsineerima • *v* vaccinate
vaktsineerimine • *n* vaccination
valamu • *n* sink
valdkond • *n* field, industry
vale • *n* lie
väle • *adj* active
valem • *n* formula
valetama • *v* lie
valge • *adj* white
Valgevene • *n* Belarus
valgus • *n* light
vali • *adj* loud
väli • *n* field
valik • *n* choice
valima • *v* choose, select, vote
valimine • *n* election
valimised • *n* election
välismaalane • *n* foreigner
valitsejer • *n* governor
valitsus • *n* government
välja • *adv* out
väljak • *n* field, square
väljapääs • *n* exit
väljapressimine • *n* blackmail
väljas • *adv* out
väljend • *n* phrase
väljendama • *v* express
valjuhääldi • *n* speaker
väljuma • *v* alight, exit, go out

väljumine • *n* exit
väljund • *n* output
valk • *n* protein
välk • *n* lightning
valmis • *adj* ripe, set up, willing
valmistada • *v* prepare
valmistama • *v* prepare
vältima • *v* avoid
vältimatu • *adj* inevitable
vältus • *n* value
valu • *n* pain
valuuta • *n* currency
valvur • *n* guard
vana • *adj* ancient, dated, old
vanaema • *n* grandmother
vanaisa • *n* grandfather
vanamoodne • *adj* backwards, old-fashioned
vanem • *n* parent • *adj* senior
vangistus • *n* time
vangla • *n* prison
vanker • *n* cart
vann • *n* bath
vannitama • *v* bath
vannituba • *n* bath, bathroom
vapper • *adj* brave
vaprus • *n* courage
vara • *adj* early
varajane • *adj* early
varas • *n* thief
varastama • *v* steal
värav • *n* gate, goal
värbamine • *n* recruitment
vare • *n* ruin
vares • *n* crow
vargus • *n* theft
vari • *n* shadow
varis • *n* litter
varjama • *v* conceal
varjupaik • *n* asylum
varjutama • *v* cloud

varrukas • *n* sleeve
värske • *adj* fresh, new
värss • *n* poem
Varssavi • *n* Warsaw
varsti • *adv* soon
varuma • *v* allocate
varumine • *n* reserve
varustama • *v* supply, tool
varustus • *n* equipment, supply
värv • *n* color, paint
varvas • *n* toe
värvus • *n* color
vasak • *adj* left
vasikas • *n* calf
väsimus • *n* fatigue
väsinud • *adj* tired
vask • *n* copper
vastama • *v* answer
vastavalt • *prep* according to • *adv* respectively
vastavus • *n* accordance
vastne • *n* larva
vastu • *prep* against
vastumeelsus • *n* reluctance
vastuoluline • *adj* controversial
vastus • *n* answer
vastutus • *n* responsibility
vastuvõetav • *adj* acceptable
vastuvõtt • *n* reception
vastuvõtukinnitus • *n* acknowledgment
Vatikan • *n* Vatican City
vats • *n* belly
veatu • *adj* flawless, pure
vedama • *v* draw
vedel • *adj* liquid, thin
vedelik • *n* liquid
vedru • *n* spring
veeb • *n* web
veebileht • *n* site
veebisait • *n* website

veebruar • *n* February
veen • *n* vein
veendumus • *n* belief
veendunud • *adj* firm
veenma • *v* assure, convince
Veenus • *n* Venus
veerand • *n* quarter
veerandaeg • *n* quarter
veerg • *n* column
veerima • *v* spell
veesilm • *n* spring
veetlev • *adj* charming
veetulv • *n* flood
vein • *n* wine
veinipunane • *n* wine
veised • *n* cattle
veiseliha • *n* beef
veli • *n* brother
vemp • *n* trick
vend • *n* brother
vene • *adj* Russian
venelane • *n* Russian
venelanna • *n* Russian
Venemaa • *n* Russia
venemaalane • *n* Russian
Venezuela • *n* Venezuela
ventilaator • *n* fan
Venus • *n* Venus
veoauto • *n* truck
verb • *n* verb
veri • *n* blood
versioon • *n* version
vertikaal • *adj* vertical
vesinik • *n* hydrogen
veski • *n* mill
vestlus • *n* conversation, dialogue
vetelpäästja • *n* lifeguard
vets • *n* toilet
vibu • *n* bow
video • *n* video
vidu • *n* cloud
Vietnam • *n* Vietnam
vietnami • *adj* Vietnamese
vietnamlane • *n* Vietnamese
viga • *n* error, mistake
vigastus • *n* injury
viha • *n* hatred
vihik • *n* notebook
vihkama • *v* hate
vihm • *n* rain
vihmavari • *n* umbrella
viibima • *v* stay
viide • *n* reference
viies • *adj* fifth
viigistama • *v* draw
viik • *n* draw
viil • *n* file, slice
viilima • *v* file
viilukas • *n* slice
viima • *v* export
viimane • *adj* last
viimistlema • *v* elaborate, tool
viin • *n* spirit
Viin • *n* Vienna
viinamari • *n* grape
viirus • *n* virus
viis • *num* five • *n* mode
viisa • *n* visa
viisakas • *adj* polite
viiskümmend • *num* fifty
viisteist • *num* fifteen
viitama • *v* mention, reference
viivitama • *v* stay
viivitus • *n* default, stay
vikatimees • *n* death
vilistama • *v* whistle
viljakas • *adj* productive
viljapea • *n* ear
vill • *n* wool
vine • *n* mist
vint • *n* finch

vintpüss • *n* rifle
vinuk • *n* skunk
visand • *n* draft
visandama • *v* draft
visiit • *n* visit
viski • *n* whiskey
vitamiin • *n* vitamin
võhiklikkus • *n* ignorance
või • *n* butter • *conj* or
võileib • *n* sandwich
võim • *n* authority, control, power
võima • *v* can
võimalus • *n* chance, opportunity
võimas • *adj* powerful
võimatu • *adj* impossible
võime • *n* ability
võimeline • *adj* able
võimestama • *v* empower
võimsus • *n* power
võistlus • *n* competition, prize
võit • *n* prize, victory
võitleja • *n* fighter
võitlema • *v* fight
võtma • *v* defeat, win
võlg • *n* debt
volitama • *v* authorize
volitus • *n* authorization
võlu • *n* magic
võlutrikk • *n* illusion
võluv • *adj* charming
vöö • *n* belt
voodi • *n* bed
vöökoht • *n* waist
vool • *n* electricity, flow

vöör • *n* bow
võõra • *adj* foreign
võrdlema • *v* compare
võrdsus • *n* equality
võrk • *n* net, network
vorm • *n* shape
võrrand • *n* equation
võti • *n* key
võtma • *v* take
võtmehoidja • *n* keychain
vulkaan • *n* volcano
vurr • *n* top
vurrkann • *n* top
vürst • *n* prince
vürtsikas • *adj* hot

W

whiskey • *n* whiskey

Z

žanr • *n* genre
žetoon • *n* chip
Zimbabwe • *n* Zimbabwe

Pronunciation

Consonants

IPA	Example	Equivalent
b	buss	big
ç	vihm	human
d	ladu	adept
f	film	film
g	gorilla	go
h	hobune	horse
ɦ	raha	ahead
j	jõul	yolk
k	kabi	scold
l	lina	lack
lʲ	jälk	leep
m	naasma	may
n	lina	nanny
ŋ	vang	eating
nʲ	vann	onion
p	kabi	spill
r	vere	*rolled* r
s	sõbranna	sole
ʃ	šampus	shy
sʲ	vastik	super
t	eesti	stand
tʲ	vatt	stew

ʋ	vere		v
x	jõhv		*Scottish* lo**ch**

Vowels

IPA	Example	Equivalent
ɑ	lina	*shorter* f**a**ther
ɑː	naasma	f**a**ther
æ	mägi	c**a**t
æː	väär	m**a**d
e	terve	l**e**t
eː	eesti	p**ay**
i	viha	happ**y**
iː	viin	f**ee**d
o	oks	*shorter* th**ou**ght
oː	soo	s**aw**
ø	köha	*like* n**ur**se
øː	vöö	*like* b**ir**d
ɤ	õlu	*like* w**oo**d
ɤː	õõnes	*longer* w**oo**d
u	surm	w**oo**d
uː	suu	c**oo**p
y	küla	*like* c**u**te
yː	rüüpa	*like* c**u**be

Irregular English Verbs

inf.	sp.	pp.	inf.	sp.	pp.
arise	arose	arisen	**buy**	bought	bought
awake	awoke	awoken	**can**	could	-
be	was	been	**cast**	cast	cast
bear	bore	borne	**catch**	caught	caught
beat	beat	beaten	**choose**	chose	chosen
become	became	become	**cleave**	cleft	cleft
beget	begot	begotten	**come**	came	come
begin	began	begun	**cost**	cost	cost
bend	bent	bent	**creep**	crept	crept
bet	bet	bet	**crow**	crowed	crew
bid	bade	bidden	**cut**	cut	cut
bide	bade	bided	**deal**	dealt	dealt
bind	bound	bound	**dig**	dug	dug
bite	bit	bitten	**do**	did	done
bleed	bled	bled	**draw**	drew	drawn
blow	blew	blown	**dream**	dreamt	dreamt
break	broke	broken	**drink**	drank	drunk
breed	bred	bred	**drive**	drove	driven
bring	brought	brought	**dwell**	dwelt	dwelt
build	built	built	**eat**	ate	eaten
burn	burnt	burnt	**fall**	fell	fallen
burst	burst	burst	**feed**	fed	fed
bust	bust	bust	**feel**	felt	felt

Irregular English Verbs

inf.	sp.	pp.
fight	fought	fought
find	found	found
flee	fled	fled
fling	flung	flung
fly	flew	flown
forbid	forbad	forbid
forget	forgot	forgotten
forsake	forsook	forsaken
freeze	froze	frozen
get	got	got
give	gave	given
go	went	gone
grind	ground	ground
grow	grew	grown
hang	hung	hung
have	had	had
hear	heard	heard
hide	hid	hidden
hit	hit	hit
hold	held	held
hurt	hurt	hurt
keep	kept	kept
kneel	knelt	knelt
know	knew	known
lay	laid	laid
lead	led	led
lean	leant	leant
leap	leapt	leapt
learn	learnt	learnt
leave	left	left
lend	lent	lent
let	let	let
lie	lay	lain
light	lit	lit
lose	lost	lost
make	made	made
may	might	-
mean	meant	meant
meet	met	met
melt	melted	molten
mow	mowed	mown
pay	paid	paid
pen	pent	pent
plead	pled	pled
prove	proved	proven
quit	quit	quit
read	read	read
rid	rid	rid
ride	rode	ridden
ring	rang	rung
rise	rose	risen
run	ran	run
saw	sawed	sawn
say	said	said
see	saw	seen
seek	sought	sought
sell	sold	sold
send	sent	sent
set	set	set
sew	sewed	sewn
shake	shook	shaken
shall	should	-
shear	sheared	shorn
shed	shed	shed
shine	shone	shone
shit	shit	shit
shoe	shod	shod
shoot	shot	shot
show	showed	shown
shred	shred	shred
shrink	shrank	shrunk
shut	shut	shut
sing	sang	sung
sink	sank	sunk
sit	sat	sat
slay	slew	slain
sleep	slept	slept
slide	slid	slid
sling	slung	slung
slink	slunk	slunk

Irregular English Verbs

inf.	sp.	pp.
slit	slit	slit
smell	smelt	smelt
smite	smote	smitten
sow	sowed	sown
speak	spoke	spoken
speed	sped	sped
spell	spelt	spelt
spend	spent	spent
spill	spilt	spilt
spin	spun	spun
spit	spat	spat
split	split	split
spoil	spoilt	spoilt
spread	spread	spread
spring	sprang	sprung
stand	stood	stood
steal	stole	stolen
stick	stuck	stuck
sting	stung	stung
stink	stank	stunk
stride	strode	stridden
strike	struck	struck
string	strung	strung
strive	strove	striven
swear	swore	sworn
sweat	sweat	sweat
sweep	swept	swept
swell	swelled	swollen
swim	swam	swum
swing	swung	swung
take	took	taken
teach	taught	taught
tear	tore	torn
tell	told	told
throw	threw	thrown
thrust	thrust	thrust
tread	trod	trodden
wake	woke	woken
wear	wore	worn
weave	wove	woven

inf.	sp.	pp.
wed	wed	wed
weep	wept	wept
wet	wet	wet
win	won	won
wind	wound	wound
wring	wrung	wrung
write	wrote	written